6개월에 2천만 원씩
꼬박꼬박 쌓이는
월급 재테크

6개월에 2천만 원씩
꼬박꼬박 쌓이는
월급 재테크

초판 1쇄 발행　　2021년 1월 15일

지은이　　공길옥
펴낸이　　변선욱
펴낸곳　　왕의서재
마케팅　　변창욱
디자인　　꿈지락

출판등록　　2008년 7월 25일 제313-2008-120호
주소　　경기도 고양시 일산서구 일현로 97-11 두산위브더제니스 107-3803
전화　　070-7817-8004
팩스　　0303-3130-3011
이메일　　latentman75@gmail.com
블로그　　blog.naver.com/kinglib

ISBN　　979-11-86615-51-5　13320

책값은 표지 뒤쪽에 있습니다.
파본은 구입하신 서점에서 교환해드립니다.

6개월에 2천만 원씩 꼬박꼬박 ✓ 쌓이는 월급 재테크

공길옥 지음

헤리티지
HERITAGE

평범한 월급쟁이의 반란

    사회생활을 시작하고 나서 오랜 시간 경제와 담을 쌓고 지냈다. 매일 떠들어 대는 뉴스와 신문 기사들이 소음처럼 들렸다. 월급쟁이인 내게 부의 축적, 부자들 노하우는 먼 나라 이야기였다.

    결혼하고 맞벌이를 하다 보니 수입이 적지만은 않았다. 공교롭게도 안정적이라고 믿던 예금, 적금에 배신감을 느끼고 있던 차였다. 이 이자로는 돈을 불리기는커녕 오르는 물가를 커버하기에도 턱없이 부족하다.

    더는 경제 공부가 싫다고 외면할 처지가 아니었다. 막연함, 두려움을 일거에 몰아내면서 인생 터닝포인트가 된 건 우연히 참여한 '6개월에 1천만 원 모으기' 프로젝트였다.

    〈한국경제신문〉과 〈이데일리〉 신문사의 부동산, 경제부에서 오랫동안 근무한 베테랑 경제통 기자이자, 베스트셀러《빌딩부자들》을 쓴 작가이기도 한 성선화 기자님이 진행하는 이 프로젝트는 경제와 재테크를 알고는 싶은데 어려워하는 사람들을 위한 배움터였다.

남편과는 이전에도 반년 정도에 1천만 원쯤은 모으고 있었던 터라 돈 새는 구멍만 잘 찾아 메운다면 욕심을 부려도 괜찮을 것 같았다. 해서 우리는 목표금액을 '6개월에 2천만 원 모으기'로 상향 조정했다. 사실 우리 수입으로 '6개월에 2천만 원'은 무모한 도전이긴 했다. 한 달에 무려 334만 원을 저축해야 만들어지는 돈이 아닌가.

다행스럽게도 우리는 기간을 약간 단축해 5개월 보름 만에 목표를 달성했다. 억척스러운 뉘앙스를 풍기는 이 '돈 모으기' 행위는 우리 가정 경제에는 마법이 됐다. 그래봐야 한 달 단위로 돈의 흐름을 파악하고 지출을 합리적으로 통제한 게 전부인데, 프로젝트를 실천하면서 몸에 익힌 절약 습관은 꼬박꼬박 6개월마다 돈을 쌓아주는 현금 자판기가 되어 주었다.

재테크도 재테크지만 6개월에 2천만 원 모으기는 삶을 더더욱 능동적이고 적극적으로 이끌어주며 풍요로움을 선물했다. 함께 참여한 사람들끼리는 우스갯소리로 "육천플 이전과 이후로 삶이 나뉘지 않냐"라며 감회에 젖기도 한다.

나름대로 종잣돈이라고 할 목돈을 마련하고 나서는 마침내 다음 단계라고 할 투자의 세계로 발을 내디뎠다.

프랑스 경제학자인 토마 피케티는 돈이 돈을 버는 속도(자본소득 증가율)가 사람이 일해서 돈을 버는 속도(근로소득 증가율)를 추월했다며 세계적 이슈를 생산한 바 있다. 재테크 관점에서 보면 자산을 축적하는 일이 중요하다는 방증으로 읽어도 큰 무리는 아니다. 저축만으로는 자산을 축적하는 덴 일정한 한계를 가져오기 마련이다. 부의 증가 속도는 투자를 통할 때 가속화한다.

6개월 2천만 원 모으기와 투자로부터 나는 상대적이지만 작은 자산가가 됐다. 이 모든 과정이 책 내용이다. 흥청망청은 아닌데 돈이 다 어디로 갔는지 어리둥절하거나 노후가 불안해서 밤에 잠을 못 잔다든가 종잣돈을 모아 굴려보고 싶은 사람들에게 이 책이 꿈을 이루는 방아쇠가 되었으면 한다.

Check List
나의 재테크 지수는 몇 점?

다음 중 해당하는 항목에 체크해 보세요

1	월급날만 되면 '텅장'이 돼서 수중에 돈이 없다.
2	사회생활 한 지 꽤 된 것 같은데, 남들과 비교해서 모은 돈이 없다.
3	알뜰하게 생활한다고 하는 것 같은데, 매월 생활비는 부족하다.
4	우리 집 돈 새는 구멍이 뭔지 모르겠다.
5	경제, 재테크라고 하면 머리가 아프다.
6	경제 신문과 뉴스를 읽거나 보기만 하면 머리에 쥐가 난다.
7	소비 마인드 다잡기가 필요하다.
8	쉽게 따라 해서 재테크 실전에 접목하고 싶다.
9	종잣돈을 모으고 싶다.
10	금융투자의 세계에 발 담그고 싶다.

0~2개	오~ 당신 재테크 고수인가요? 매일 경제 기사를 우수에 가득 찬 눈길로 호기심 있게 읽으며 분석적으로 밀도 있게 재테크하는 당신은 재테크 고수!!! 통장 쪼개기는 이미 섭렵해서 여러 개의 목돈이 들어 있는 통 장을 자랑하지는 않은지
3개~5개	당신은 재테크 중수~ 그래도 재테크를 하려는 노력이 보이는걸! 조금만 더 노력하면 재테크 고수가 될 수 있다!
6개 이상	재테크 초보 재테크에 관심은 있는데, 어디서부터 어떻게 시작해야 할지 모 르는 당신에게 이 책을 강력하게 추천한다. 함께 해보실래요?

1장 | # 모으고 _ 6개월에 2천만 원 도전해볼까?

**2장 | 안 쓰고 _
짠순이 뭐 별거 있니**

6개월에 2천만 원씩 꼬박꼬박 쌓이는 월급 재테크

4장 | 찾아내고 _ 꺼진 재테크도 다시 보자

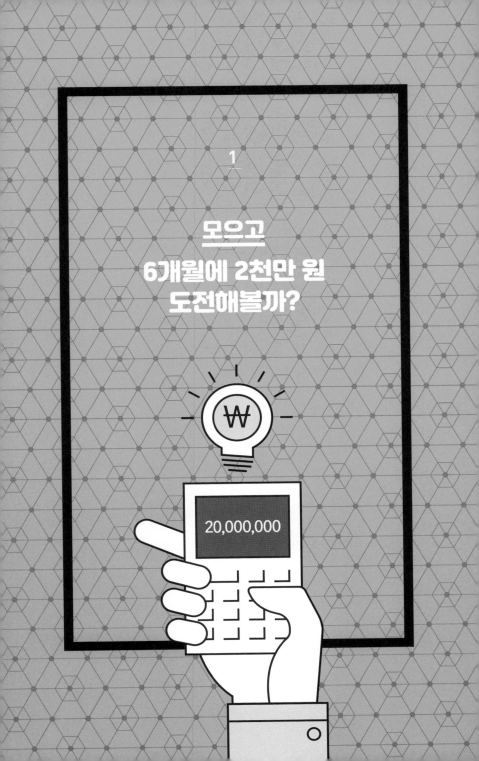

1

모으고
6개월에 2천만 원
도전해볼까?

20,000,000

난생처음 로드맵

"저희 가정의 목표는 6개월에 2천만 원 모으기입니다!"

'6개월에 1천만 원 모으기' 프로젝트 원들이 모인 자리에서 내뱉어 버린 이 밑도 끝도 없는 자신감. 목표는 현재보다 더 나은 것을 추구해야 한다고 어린 시절부터 배웠던 데다가 결혼 뒤 반년 정도로 1천만 원까지는 모아 본 터였다. "와" 하는 함성과 함께 벌써 목표를 달성한 사람처럼 의기양양해졌다.

맞벌이 부부이지만 그렇게 많지 않은 월수입에 평소 지출 습관으로는 도무지 답이 나오지 않을 저축액인 건 부담이었다. 무조건 매달 334만 원을 모아야 한다. 하지만 어떤 뾰족한 방법이 나올 거라는 막연한 믿음(?)이 있었다. 우리 가계의 소비 행태

중 잘못된 부분이 개선된다면 가능할 것도 같았다. 게다가 아직
아이도 없다.

　언젠가 봤던 흥미로운 인터뷰가 기억났다. "종잣돈의 기준이
얼마라고 생각하시나요?" 대다수 시민은 '1,000만 원'을 꼽았다.
그럼 2천만 원이면 종잣돈으로는 큰 금액이 분명하다. 성선화
기자님이 이끄는 '6개월에 1천만 원 모으기 프로젝트'에서 배우
는 커리큘럼이 있고, 어차피 칼을 뽑았으니 무라도 썰 의지는 충
만했다. 그러고 나서 짠 내 나는 습관을 유지한 채 투자 공부로
넘어가면 큰돈을 모을 수 있겠다는 어렴풋한 그림이 그려졌다.

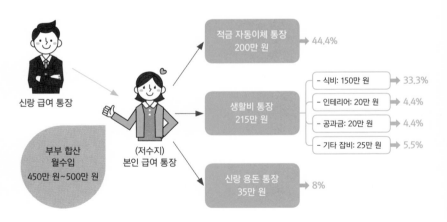

신랑 급여 통장

부부 합산
월수입
450만 원~500만 원

(저수지)
본인 급여 통장

적금 자동이체 통장
200만 원   44.4%

생활비 통장
215만 원

－ 식비: 150만 원   33.3%
－ 인테리어: 20만 원   4.4%
－ 공과금: 20만 원   4.4%
－ 기타 잡비: 25만 원   5.5%

신랑 용돈 통장
35만 원   8%

before 우리 집 돈 흐름

위 그림이 프로젝트 이전 우리 집 재무 상태다. 꾸준히 적금을 붓고는 있었지만, 불만은 증폭되고 있었다. 대체로 공감하겠지만, 옷을 자주 사길 하나, 여행이 취미라서 어딜 다니길 하나, 그렇다고 식도락이라 맛집을 찾아다니지도 않는데, 돈은 잘 모이지 않았다.

2천만 원 모으기 프로젝트의 첫 관문은 돈 새는 구멍을 파악하는 일. 이 일은 최근 3개월간 신용카드와 체크카드 내용을 분석하는 데서부터 출발했다. 구멍은 크게 2가지로 압축됐다.

첫째는 식비, 둘째는 집을 꾸미는 데 쓰는 인테리어 비용과 소품값이었다. 식비는 전체 수입 대비 지출의 약 33%를 차지했는데, 주식, 간식비 그리고 외식비를 총합산해 월 150만 원씩 나갔다. 따져보니 지출 규모에서 지나치게 큰 비중을 차지하고 있었다. 인테리어 소품은 전체 지출의 약 4%로 자잘하게 예쁘다 싶으면 다 사고 있어서 대략 20만 원 정도였다.

우리는 머리를 싸매고, 저축과 소비 계획을 아래 그림처럼 세웠다.

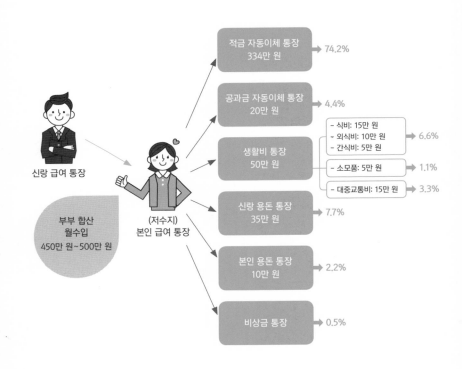

신랑 급여 통장

부부 합산
월수입
450만 원~500만 원

(저수지)
본인 급여 통장

적금 자동이체 통장
334만 원 ➤ 74.2%

공과금 자동이체 통장
20만 원 ➤ 4.4%

생활비 통장
50만 원

- 식비: 15만 원
- 외식비: 10만 원
- 간식비: 5만 원 ➤ 6.6%

- 소모품: 5만 원 ➤ 1.1%

- 대중교통비: 15만 원 ➤ 3.3%

신랑 용돈 통장
35만 원 ➤ 7.7%

본인 용돈 통장
10만 원 ➤ 2.2%

비상금 통장 ➤ 0.5%

6개월 2천 모으기 실전 계획표

6개월에 2천만 원씩 꼬박꼬박 쌓이는 월급 재테크

한 편의 드라마를 만들기 위해 우리가 한 일은 애초에 한 달 적금액 떼어놓기 그리고 지출 관리를 위한 통장 쪼개기였다.

적금액이야 이미 정해졌고 매달 지출이 관건이었는데 이건 의지력과는 상관없는 시스템의 부재라는 것이 우리 생각이었다. 즉, 생활비 통장에 공과금, 내 용돈, 비상금 등이 혼재돼 통장 관리를 못 해 돈이 새고 있다고 판단한 것이다. 결론부터 말하면 이 결정은 적중했다.

먼저 쓰임새에 맞춰 입출금 통장을 여러 개 개설해 목적별로 별명(이름)을 지어주었다. 돈 새는 첫 번째 구멍인 식비 예산은 자그마치 80%가량을 줄여 30만 원으로 정해, 월 지출을 최대한 빡빡하게 조였다. 인테리어 소품비는 불필요하다는 판단 아래 아예 지출 예산에 넣지도 않았다.

다만, 6개월에 2천만 원이라는 프로젝트 목표액은 우리 부부의 특별한 상황임을 기억해야 한다. 2천만 원이라는 숫자는 상징일 뿐, 가족 구성원 수, 가계 자산과 재무 상태, 월수입 구조, 월지출 구조 등 다양한 변수에 따라 목표 금액은 달라질 수 있다. 우리 프로젝트(일명 육천플, 육 개월에 1천만 원 모으기 프로젝트) 멤버들도 설정액은 제각각이었다. 알맹이는 가계 재무의 첫째 문제 원인인 돈 새는 구멍을 파악해 지출 구조를 새롭게 정하는 일이다.

어떻게 한 달에 150만 원만 쓰고 살 수 있담

돈 새는 큰 구멍을 파악하고는 아연실색했다. 먹는 데 많이 쓴다는 정도는 알았지만, 이 정도일 줄은 몰랐던 것. 결혼하고 신랑과 나란히 포동포동 살이 정말 많이 오르기는 했다. 아침이면 4천 원짜리 우동 한 그릇으로 하루를 시작했고, 퇴근길에는 집 앞 빵집에 들러 그날 받은 업무 스트레스만큼 엄청난 빵을 사곤 했다. 거기다 편의점은 어찌나 많이 가는지 1천 원, 2천 원⋯ 적은 돈이라 여겼는데 가랑비에 옷 젖듯 편의점에서만 거의 20만 원가량을 쓰고 있었다.

집에서 밥을 거의 해 먹지 않고, 배달 음식으로 끼니를 때우거나 주말이면 어김없이 밖에서 사 먹어 상당한 돈이 쓰이고 있었다. 계획 없이 대형마트에 가서 세일이라고 하면 장바구니에 채워 넣는 일이 다반사였다. 이게 또 5~10만 원. 그런데도 냉장고에 먹을 것이 없어 다시 대형마트로 가곤 했다.

인테리어 소품과 셀프 인테리어 비용은 식비에 비하면 양호(?)한 편이었으나, 집을 꾸민다는 핑계로 도구와 소품을 닥치는 대로 샀다. 이것들은 씀씀이 대비 '만족'이라는 효용은 짧아 일주일쯤 가는 예쁜 쓰레기가 되고 있었다. 효용체감의 법칙을 잘 알면서도 인터넷 쇼핑은 암묵적인 일과 중 하나였다.

답은 나왔다. 두 개의 큰 지출 구멍을 좁혀, 둘이 한 달에 최대 150만 원씩만 쓰고 산다!

소비 행태를 바꾸는 데는 샘솟는 의지와 이를 담을 그릇, 즉 통장 쪼개기 시스템을 가동했다(20쪽, 〈6개월 2천 모으기 실전 계획표〉 참조).

신랑이 급여를 받으면 한 달 총급여를 저수지 통장(일명 돈이 모이는 통장인 내 급여통장)으로 입금해 초기 세팅을 한다. 저수지 통장인 내 급여통장에서는 목적별 이름이 적힌 각각의 통장으로 돈을 이체한다.

공과금 자동이체 통장과 생활비 통장을 구분해 놓은 것은 생활비 지출 통제에 목적이 있다. 공과금과 생활비를 한 통장에 썼던 이전에는 생활비와 공과금 지출이 구분되지 않아 애를 먹었다. 공과금이 빠져나갈 때쯤 되면(보통 월말), 생활비 계좌에 잔액이 간당간당해져 오금이 저릴 때가 생기곤 했다. 이런 사태를 미리 방지하고자 공과금 통장과 생활비 통장에 한 달 필요한 금액을 각각 넣어두었더니 문제는 아주 쉽게 해결됐다.

비상금 통장은 가정이라면 꼭 필요하다. 급여 외에 발생하는 부수입이나 상여금 등을 이 통장에 넣어놓았다. 그러고 나서는 경조사, 병원비, 고장 난 전자제품 구매 등 예상치 못한 그야말로 비상 상황에 쓴다.

신랑이 어느 날 다급하게 나를 찾는 목소리가 들렸다. "갑자기 휴대폰이 먹통이야." 휴대폰이 도통 작동하지 않아 새 휴대폰을 사야 하는 상황이었다. 다행히 여유 자금이 있던 비상금 통장에서 돈을 꺼내 신랑에게 새 전화기를 사주었다.

'통장 쪼개기'에 관한 자세한 내용은 67쪽, 〈통장 쪼개기는 필수일까?〉에서 다뤘다.

식비 혁명

"우리 집에서 먹는 데 한 달에 얼마나 쓰는 줄 알아?" 의미심장한 눈길로 신랑에게 질문을 던졌다. "얼마인데?" 뜻밖의 질문에 살짝 관심을 두는 눈치다. "놀라지 마! 글쎄 자그마치 평균 150만 원!"

집까지 일을 가져와서 열정적으로 일하던 남편이 고개를 들어 올렸다. "엄청나네~ 이걸 어떻게 바꾸지?"

우리 집에서 가장 큰 지출 구멍은 식비로, 총수입에서 150만 원(30%)이나 차지하고 있었다. 이걸 30만 원대로 줄이겠다고 선언했으니 괜한 입방정을 떤 건 아닌지 후회가 밀려들기도 했다.

뭔가 방법이 있을 거라고 신랑을 위로(?)하긴 했지만, 정말 구체적이고 치밀한 전략이 필요했다.

첫째, 식비 주간 예산을 세웠다. 월간도 좋지만, 우리 집처럼 무계획적으로 먹는 데는 단기 목표가 더 효과적이다. 목표를 짧게 하고 달성하면 그에 걸맞은 보상 혹은 칭찬으로 더욱더 의지를 북돋워 주었다. 예를 들면, 주식비 : 30,000원, 외식비 : 20,000원, 간식비 : 10,000원 하는 식이다.

주간 식비 예산을 6~7만 원 정도로 빡빡하게 세우는 건 주효했다. 돈을 쓸 때마다 예산을 확인하는 버릇이 생겼다. 적어도 식품을 살 때 신경이라는 것을 쓰게 된 것. 만약 예산을 초과하더라도 과도하지 않은 범위로 지출하게 됐다.

둘째, 장보기 전 품목 리스트를 작성했다. 꼭 필요한 것만 사고자 휴대폰 메모장에 목록을 작성하고 하나씩 지우는 식이었다.

셋째, '1만 원의 장보기'를 진행했다. 이건 말 그대로 만 원짜리 한 장 들고 가서 장을 보는 것이다. 이 이벤트는 식비 지출 통제에 강력한 동기가 됐다. 더 사고 싶어도 만 원이 넘으면 금지한다.

만 원 장보기 시 필수 팁은 휴대폰 계산기를 적극적으로 활용하는 것이다. 장바구니에 상품을 담을 때마다 가격을 덧셈한다. 임계치인 1만 원에 도달했을 때 '뭐를 뺄까?' 하는 즐거운 혼돈을 경험하게 된다.

넷째, 집 앞 슈퍼를 우리 집 냉장고로 생각했다. 전에는 냉장고는 언제나 채워져 있어야 한다고 믿었다. 꽉 차 있는데도 먹을 게 없어 다시 장 보고 버리고를 반복했던 터다.

생각의 전환이 필요했다. 냉장고를 채움의 대상이 아니라 임시 창고로 간주하는 것이다. 소량의 음식을 상하지 않게 하는 보관소 말이다. 대신, 집 앞 슈퍼가 우리 집 냉장고라고 상상한다. 슈퍼는 진열도 잘돼 있고, 덤으로 유통관리까지 해주지 않나. 메모지 한 장 달랑 들고 최소 비용으로 소량을 사서 집으로 가지고 오면 그만이다.

다섯째, 냉장고 파먹기. 소량씩 구매해도 임시 보관소여도 여전히 우리 냉장고에는 먹을 게 있었다. 이곳에 보관된 식재료만 활용해도 며칠 밥상은 훌륭하게 해결됐다.

여섯째, 집밥 생활화. 매일 외식이 유일한 낙이었던 적도 있다. 집밥 하면 들어가는 시간과 에너지 탓에 어렵게만 느껴졌다. 외식비를 절감하려면 식사의 집밥화가 절실했다.

우선 어떻게든 식탁을 간소화하고자 갓 지은 밥을 햇반처럼 팩에 넣고 냉동실에 보관했다. 이 밥 팩은 그저 전자레인지에서 3분이면 뚝딱하고 따뜻한 밥으로 변신했다. 간편함, 편리함 두 마리 토끼를 다 잡은 셈이었다.

총각김치 같은 반찬은 마트 도움을 받았다. 김치를 담그는 일은 시간+비용 대비 비효율적이라고 판단했다.

식비 절감 노력은 처절했다. 식비를 줄이고 나서야 비로소 총지출의 커다란 구멍이 메워졌다. 덩달아 몸무게가 2kg 가까이 줄어 다이어트 효과와 건강까지 챙겨 도랑 치고 가재까지 잡았다.

배우 신애라 씨는 냉장고 털기로 식비를 줄인다고 한다. 냉장고 속 재료를 보면서 해먹을 요리들을 노트에 정리하는 방식인데, 그이의 냉장고 털기는 '냉장고 미니멀라이프'라는 특별한 의미가 담겨 있다. 단출하면서도 깔끔하게 정리된 냉장고로부터 비로소 완벽하게 편리한 삶으로 돌아올 수 있었다고 한다.

식비 지출 통제는 식비를 줄이는 원초적인 목표 너머 더 편한 삶으로 들어가는 문이 될 수 있다.

알짜 TIP

1. 식비 줄이기 팁

1) 대형마트 알뜰 할인 구매 코너를 이용한다. 유통기간 임박한 상품이 30%, 많게는 80%까지 할인된다. 되도록 뒤에 진열된 것 중 유통기간이 긴 것을 사 식비 소비지수를 내린다.

2) PB도 다시 보자. PB상품(백화점·슈퍼마켓 등 대형소매상이 독자적으로 개발한 제품)은 브랜드 상품과 비슷한 성분으로 구성돼 있지만, 가격이 10%, 많게는 30%까지 저렴하다. 가성비와 가심비가 높다.

　예) 이마트 에브리데이 국민가격 3탄 – 2ℓ 생수 6개=1,880원

　　　롯데마트 – 2ℓ 생수 6개=1,650원

　　　홈플러스 – 2ℓ 생수 6개=1,590원

3) 편의점이 비싸기만 한 건 아니다. 편의점 2+1이나 1+1 상품을 제대로 활용할 것. 커피, 음료수, 과자류, 과일류, 빵류, 라면류 등은 이 할인 폭을 활용하면 웬만한 마트나 인터넷 쇼핑보다 저렴하게 살 수 있다.

4) 부득이하게 외식할 땐 할인 기프티콘을 싸게 사자.

　① 기프티스타(giftistar.com) : 다양한 브랜드 상품군이 있으며 10~80%까지 할인 구매, 카드나 현금(온라인송금) 구매 그리고 사고팔기 가능. 홈페이지 또는 휴대폰 카카오톡 친구 추가 후 활용.

　② 니콘내콘(ncnc.app) : 다양한 브랜드 상품군이 있으며 10~70%까지 할인 구

매, 카드나 현금(온라인송금) 구매, 사고팔기 가능. 홈페이지 또는 휴대폰 카카오톡 친구 추가 후 활용.

2. 각종 카드사 전자 지갑으로 할인 혜택 받기

1) 페이코(www.payco.com) – 삼성카드. 매월 각종 할인 이벤트, 할인 혜택 제공

2) 페이북(paybooc.co.kr) – BC카드. 하루 3회, 몇천 원 이상 결제 시 500원 할인 혜택, 매월 각종 할인 이벤트, 할인 혜택 제공

3) 네이버페이 – 네이버페이와 연계된 카드를 모바일 QR코드로 결제 시 네이버포인트 1% 적립

3. 반찬가게

마마쿡(mamacook.co.kr)은 저렴하면서 다양한 반찬류와 국, 찌개, 샐러드 제품을 구매할 수 있다.

예쁜 쓰레기

예쁘고 아기자기한 집에 대한 로망 때문일까, 집을 매일매일 정갈한 모습으로 단장하는 게 취미 중 하나였다. 그러니 인테리어 소품에 관심이 가는 건 필연이다. SNS에서 핫한 아이템들을 보면 무조건 사고 싶어서 잠도 못 잘 정도였다. 나름대로는 비싸지 않은 물건을 샀다는 안도감과 자긍심에 문제의식을 느끼지 못했다.

그 아이템을 소유하고 얻은 행복의 유통기한은 일주일 정도였던 것 같다. 물건이 많아질수록 보관할 장을 새로 사들였다. 일상이 맥시멀(maximal)해질수록 정돈되지 않는 카오스를 쥐고 있는 것 같았다. 예쁜 쓰레기가 지출 구멍임을 파악한 이상 이대로 일회성 욕구를 유지하는 일은 그만둬야 했다.

블로그 이벤트를 눈여겨보기 시작했다. 셀프 리모델링을 하려면 부자잿값이 꽤 드는데, 특히나 획기적인 변화를 돕는 페인트는 부담스러울 정도로 가격이 셌다.

'펜톤'이라는 블로그에서 페인트 이벤트를 진행하고 있었다. 생에 처음으로 응모한 이벤트에 당첨돼 재활용 분류수거함을 리페인팅하는 호사를 경험했다. 페인팅하면서 재테크로부터 받은 스트레스가 오랜만에 날아가는 듯했다.

블로그 이벤트 일환이기는 하지만, SNS 채널도 이용할 수 있다. 주로 블로그를 함께 운영하지만, 〈네이버 리빙〉에서 하는 리빙 메인에 열띠게 참여했다. 서툴고 부족한 솜씨이지만, 정성을 다해 영상을 만들었다. 이벤트에 당첨되는 행운을 얻어 네이버 페이 포인트로 10만 원을 획득했다.

게다가 몇만 명 정도가 내 블로그에 방문해 네이버 애드포스트로 2만 원 정도의 부수입이 생겼다. 네이버 애드포스트는 네이버 블로그의 광고 수입을 말한다. 블로그에 광고 배너를 달면 방문자가 이 광고 링크를 클릭하게 될 때 블로그 운영자에게 돈을 준다.

중고장터를 활용했다. 주로 '당근마켓'인데, 이 앱을 잘 들여다보면 새것 같은 중고가 많다. 중고라서 새것보다 50% 이상 저렴하게 살 수도 있다. 구매뿐만 아니라 내다 팔 수도 있다. 이제 내겐 쓸모없는 물건이 누군가에겐 여전한 효용 가치가 있다는 놀라움을 발견한다. 당근마켓에서 창출한 부수입이 무려 40만 원을 넘고 거래를 꾸준히 늘려가고 있다.

리빙 쇼핑몰 사이트엔 아예 들어가지 않기로 했다. 참새가 방 앗간을 그냥 못 지나가듯이 일단 대폭 할인이라는 문구만 보면 걷잡을 수 없이 마음이 흔들려 장바구니에 넣어놓고 결제 버튼을 누르게 된다.

리빙 온라인몰에 돌아다니고 싶은 충동을 억누르느라 현기증이 올라왔다. 매일 하는 습관 중 하나였던 탓이다. 이런 습관이나 행태를 몇 달에 걸쳐 억지로라도 개선하려 애썼더니, 지금은 예쁜 소품을 봐도 감흥이 없다. 가지고 싶어서 유심히 봤다가 결국 내 것이 아님을 깨닫고 까먹기를 반복 중이다.

요즘엔 있던 소품으로 어떻게 하면 집을 정갈하고 깨끗하게 정리정돈 할 수 있을지 연구 중이다. 물건이 아니라, 생각의 양식으로 영혼을 채우려고 노력한다.

최근에 태미 스트로벨의《행복의 가격》을 다시 펼쳐 들었다. 그는 넓은 집과 이 규모에 걸맞은 자동차를 소유하고 있었다. 열심히 일해 저택 모기지와 차량 할부금을 갚고 관리비를 냈다.

직장에서는 과로가 일상이고, 그에 따른 스트레스는 쇼핑으로 해소했다. 그이 마음은 아무리 물건을 사들여도 좀체 채워지지도 않고 행복해지지 않았다.

어느 순간 그는 지루한 직장생활도 의미가 없다고 여겨, 과감히 사표를 던진다. 그다음 집 크기를 점차 줄여나갔고, 결국 아내와 자신만을 채울 컨테이너 공간만 한 집을 마련했다. 그리고 비로소 자유를 찾고 소박한 삶으로부터 행복을 느꼈다.

2020년, 한 리빙인테리어 업체가 수도권에 거주하는 3040 맞벌이 부부 500명에게 라이프 스타일 관련 설문 조사를 진행했다. 그중 '집이란 어떤 곳인가?'라는 주제에 응답자의 61.8%가 가족과 함께하는 공간이라고 답했고, '충전 및 휴식하는 공간'이라고 응답한 비율이 31%로 그 뒤를 이었다.

젊은 맞벌이 부부들은 집을 오롯이 자신과 가족을 위한 공간으로 여기는 듯하다. 이 중에 75%는 주택 인테리어에 1,000만 원 이상 쓸 용의가 있다고 대답했다고 한다.

이 막대한 돈으로 집을 예쁜 쓰레기장으로 만들지 않았으면 한다. 목적과 수단이 전치되지 않는 삶이 진짜 '행복의 가격'임을 알게 된다.

알짜 TIP

1. 블로그 이벤트

1) 펜톤 페인트(blog.naver.com/pantonepaint)
    수시로 페인트 사용 후기 이벤트를 하며, 세미 작가 등을 뽑는다. 이벤트 당
    첨 확률이 높아 이웃 추가 후 이벤트를 활용하면 좋다.

2) 벤자민 무어(blog.naver.com/bmp10)
    수시로 페인트 사용 후기 이벤트를 한다.

2. 네이버 메인 응모하는 방법(blog.naver.com/living_food/221723670580)
    매월 네이버 〈리빙&푸드〉에 인테리어, 살림·고수, 살림 잇템, 장바구니, 주간
    밥상 등 다양한 주제에 응모해 네이버 리빙 메인에 선정될 수 있다.

3. 중고장터
    플레이스토어 또는 앱스토어에서 앱 설치 후 진행. 지역 주민을 대상으로 하
    며, 근거리 지역 주민들과 시간 조율 후 사고팔기 가능.

1) 당근마켓

2) 번개장터

3) 네이버 중고나라 카페

원거리 지역 가능. 거래 시 반드시 안전거래를 통해 진행하는 것이 좋다.

4. 셀프 인테리어 소품 저렴하게 구매하는 방법

1) 네이버 쇼핑에서 해당 품목을 검색 후 최저가로 설정해 검색한다.

2) 다나와 가격 비교 검색 사이트(www.danawa.com)를 활용한다.

3) 컬쳐랜드 전용 문화상품권을 10% 가까이 저렴하게 산 뒤 옥션이나 지마

켓, 지에스샵에서 구매 시 활용한다.

뷰티는 절대 포기할 수 없다는 당신에게

육천플을 같이 했던 1기이자 프로젝트 이후 놀라운 지출 변화를 이룬 혜인님(가명)에게 특별한 노하우를 들을 기회가 있었다.

"안녕하세요! 잘 지내셨어요? 혜인님의 육천플 이전 이야기 좀 듣고 싶어서요. 특히 피부 관리에 엄청나게 많은 투자를 하셨다죠?"

"엄청났죠. 2~3달에 한 번씩 50~60만 원씩은 썼으니까요."

"연간으로 환산하면 200만 원 가까이 든 셈이네요."

"매년 피부에 그만한 돈을 썼어요. 피부과 안 가는 셈 치고

이 정도 비용은 괜찮다고 생각했죠."

"오! 피부과를 가신 게 아니에요? 그러면 순수하게 화장품 비용인가요?"

"네! 방판으로 판매하는 분께 세트로 구매해서 썼어요. 샘플도 넉넉하게 받고, 마사지도 해주곤 했거든요."

"화장품도 받고, 마사지도 받고 일거양득이기는 하네요."

"그렇죠. 육천플 이후 돈 새는 구멍을 발견한 것 중 하나가 피부 관리비였어요. 이걸 통제해야만 지출을 획기적으로 줄일 수 있다고 생각되더라고요. 연간 8만 원 정도로 확 줄였답니다(웃음)."

"대단하네요! 어떻게 하셨어요?"

"우선 화장품 샘플을 최대한 활용했어요. 보통 화장품 샘플 같은 것은 잘 안 쓰고 유효기간이 지나 버리는 경우가 대부분이었거든요. 이것만 써도 화장품 비용이 거의 들어가지 않더라고요."

"맞아요. 화장품 샘플이 은근 많이 생기잖아요."

"네, 그걸 잘 활용하면 되고요. 군인 친구한테 가끔 부탁해서 스킨이나 로션, 수분크림(달팽이 크림), 선크림 등은 대용량으로 샀어요. 3, 4만 원 정도면 6개월은 거뜬히 쓸 수 있더라고요."

"진짜! 놀라운 변화네요. 그래도 피부에 민감한 여자들은 피부 관리를 포기할 수가 없잖아요."

"네, 저도 그랬어요. 그래서 직접 천연 팩을 만들어 썼죠."

"천연 팩을 직접 만들 수 있어요?"

"네, 비용이 많이 들지 않는 천연 재료를 활용하면 돼요."

"어떻게 만들 수 있어요?"

"간단해요. 귤, 밤껍질, 요구르트 등을 섞어주면 돼요. 섞인 천연 재료를 피부에 올려주면 보습 효과가 탁월하죠. 비싼 팩과 같은 효과도 있더라고요."

"저도 한번 해봐야겠어요. 좋은 방법 소개 감사합니다."

여성에게 피부 관리는 숙명과도 같아서 많은 돈이 든다. 값비싼 화장품을 쓰고 잘하는 피부 관리실에서 케어를 받아야만 안티에이징 된다는 믿음이 쉽게 바뀔 리 만무하다.

"너는 화장품이 이게 다야?" 우리 집에 놀러 온 친구가 내 화장대를 보고 깜짝 놀랐나 보다. 기초 스킨과 로션 1개씩, 파우더 팩 1개. 립스틱 2개 등 단출한 구성을 본 것이다. 딱히 필요를 모르기도 하거니와 화장품은 단품으로만 사는 편이다.

화장품에도 유효기간이 있다. 보통 포장을 뜯지 않으면 2년, 뜯으면 1년 정도다. 이렇게 버려지는 화장품이 자주 생겨 1개씩 사는 습관이 든 것 같다.

어차피 숙명처럼 쓰는 화장품은 좀 더 싸게 사는 길을 찾아보는 편이 현명하다. 화장품 바겐세일 기간이 있다. ○○○퍼시픽, ○○○영, ○○○하우스 등 화장품 전문점에서 시즌별로 20~50% 가까이 할인하는 기간을 둔다.

바겐세일이 아닐 때는 오프라인보다 온라인에서 가격이 훨씬 싸다. 네이버 검색창에 해당 화장품명을 검색하고 최저가로 정렬해서 찾아보자.

기초화장 후 바르는 팩형 파운데이션이라면 본품 케이스가 있을 때 리필만 산다. 비용을 2배 가까이 줄일 수 있다.

다시 혜인님과 이야기를 이어갔다.

"그나저나 길옥님 일일 가계부 보니까 미용비가 엄청나게 적던데요."

"앗! 보셨어요?"

"그럼요! 길옥님 가계부가 올라오면, 댓글을 안 달아서 그렇지 다 보고 있답니다. 비결이 뭐에요? 웬만한 미용실도 커트 비용만 1만5천 원은 거뜬히 넘는데요. 저는 이전에 세련되고 분위기 좋은 미용실을 고집했어요. 커트만 2만 원도 넘었더랬죠."

"동네 미용실 이용하기입니다. 이젠 이 미용실 단골이 되었네요. 현금가로 8천 원 주고 깎고 있어요. 신랑도 함께하니 총 1

만6천 원입니다. 저도 한 분위기 하는 여자랍니다(웃음). 그런데, 그게 중요하진 않더라고요. 그 1시간도 안 되는 찰나에 고혹한 분위기에서 2배의 비용을 치른다는 건 일종의 모방 소비심리였던 것 같아요."

"그러네요. 2배 가격은 분위기뿐일 수 있겠네요."

"저는 신랑과 동네 미용실 탐방을 다녔어요."

"미용실 탐방이요?"

"가격 염탐이지요. 미용실 안을 슬쩍 들여다보면 가격 판이 보이잖아요. 그걸 확인하거나 한 사람씩 돌아가면서 미용실 각각의 커트 비용이 얼마인지 물어봤었어요."

"어머나 좀 창피하지 않으셨어요?"

"전혀요~ 가격을 물어보면 미용실 원장들 친절도도 어느 정도 파악돼요. 그렇게 지금 다니는 미용실이 단골이 된 거죠. 참, 혜인님도 미용비가 많이 줄지 않으셨어요?"

"네, 준 게 뭐예요. 아예 미용실을 안 가버렸죠! 육천플 이전엔 16만4천 원 정도 썼는데, 지금은 0원이에요."

"이전에도 그렇게 많지는 않았는데, 0원이 가능해요? 대체 머리 관리를 어떻게 하시길래?"

"주기적으로 하던 파마를 하지 않고, 긴 머리니까 그냥 묶고 특별한 일이 있을 때만 드라이하곤 해요."

"혜인님도 정말 대단하신걸요!"

"혹여 파마할 일 있으면 길옥님처럼 싸고 친절한 미용실을 찾아서 다녀야겠네요."

미용실이 많은지 교회가 많은지 우스개 퀴즈가 있을 정도로 미용실 천국이다. 경쟁력이 가격뿐인 곳이 많아 소비자로선 유리하다. 직원 수도 적고, 인테리어가 단순하다면 백발백중 저렴하고 친절할 확률이 높다.

집에서도 셀프 머리 염색이나 볼륨 매직을 할 수 있다. 시중 마트나 온라인 쇼핑몰에 약품이나 제품이 다양하게 구색 돼 있는 데다가 싸고 쉽게 할 수 있다.

육천플을 하면서 끊게 된 관리 중 하나가 페디큐어(발톱에 매니큐어를 칠하는 것)다. 여름철 샌들을 신게 되면 빼꼼하게 발톱이 드러난다. 마치 맨살을 보이는 것 같아 여름만 되면 페디큐어가 연중행사였다. 한 번에 4~5만 원 정도니까, 여름철 두 번만 해도 10만 원은 나간다.

비용 절감은 늘 생각 전환을 동반한다. '발톱이 드러나 보여도 괜찮아!'라는 마음을 먹었다. 처음 샌들에 발가락이 노출됐을 때는 온종일 다른 사람들이 내 발톱을 보면 어쩌나 노심초

사했다.

심리적 조명 효과는 하루 만에 끝났다. 두 번째 날부터 전혀 의식하지 않게 된 것. 페디큐어 서비스를 받을 때보다 되레 발톱이 건강해진 느낌이다. 이젠 발톱을 꾸미고 싶을 때 고가의 비용이 드는 숍 대신 화장품점이나 온라인 쇼핑몰에서 파는 네일, 페디큐어 스티커를 활용한다.

알짜 TIP

50원으로 마스크팩 만들기

1. 준비물

다이소 얼굴팩 마스크 10매 500원에 구매(1장당 50원꼴), 집에서 쓰는 스킨, 앰플, 에센스, 알로에 젤, 녹차티백, 꿀 등, 지퍼백 또는 비닐 팩.

2. 만드는 법

1) 비닐 팩에 다이소 얼굴팩 마스크 1장을 넣어준다.

2) 비닐 팩에 쓰고 있는 보습&진정 토너를 같이 넣어준다(재료는 집에 있는 재료를 활용하면 된다).

3) 마스크 시트에 잘 흡수되도록 조물조물한다.

4) 쓰고 있는 앰플을 피부에 바른 뒤 얼굴에 마스크를 덮어 준다.

여행지가 아니라
여행이야

다시 한번 혜인님에게 돈 새는 구멍에 관한 이야기를 물었다. 육천플 이전 연간 2천만 원 정도의 여행 비용을 무려 95%까지 절감했다고 한다.

"육천플 이전의 여행 소비 패턴 좀 이야기해주세요! 연간 2천만 원을 여행비로 쓰셨던 거에요?"

"네, 열심히 재테크로 모았던 돈 일부였는데, 유럽 2개국과 일본 여행 경비로 썼어요."

"3개국 여행하는데, 그만한 돈이 드나요? 저는 신혼여행으로

만 외국에 가봐서 여행 비용이 얼마나 드는지 잘 몰라요."

"싼 항공권도 알아보고 카드 할인도 받아서 여행 자체엔 돈이 크게 들진 않았어요. 그런데, 주로 쇼핑 비용이 많았던 것 같아요. 여행할 때면 면세점이 필수 코스잖아요. 거기다 국가마다 쇼핑해야 할 목록이 꼭 있어요. 명품 가방을 저렴하게 살 기회이기도 하죠. 그리고 지인 선물을 꼭 챙기고는 했지요."

"순수 여행비보다는 쇼핑 지출이 더 많았던 셈이네요."

"그렇죠. 따지고 보면 의미 없고 형식적인 지출이었던 거에요."

"아, 그랬군요. 육천플 시작하고 나서는 획기적인 변화가 있었다면서요?"

"이번엔 100만 원 정도 들었어요. 베트남 다낭에 다녀왔거든요. 예전 같으면 동남아시아 여행은 생각도 안 했을 텐데, 또 다른 의미가 있더라고요."

"우와! 해외여행인데 100만 원으로도 가능하군요."

"쇼핑을 확 줄였어요. 비행기 편이랑 숙박(호텔)은 호텔 최저가 사이트(아고라)와 가격 비교 사이트를 열심히 뒤졌어요. 면세점도 가지 않았어요. 가족뿐만 아니라 지인에게도 핸드크림 같은 자그마한 선물로 간소화했고요."

"선물 비용만 줄여도 정말 지출이 확 줄어드네요. 약간은 허

전(?)하지 않았나요? 여행의 대미는 왠지 쇼핑이라는 생각도 있고요."

"처음엔 그랬어요. 여행에서 쇼핑은 열심히 일한 나를 위한 보상 같은 거라고 여긴 것 같아요. 하지만, 힐링이 여행 그 자체의 본질이라는 각성이 있었죠. 또 선물이 감정이 배제된 요식행위라고 느껴져 주변을 챙기되 더 고마운 사람에게 성의를 표하는 것이 중요하다고 생각했어요. '감사'의 의미도 재고해보게 됐죠."

여행 경비가 큰 지출 구멍일 때는 혜인님의 여행법을 되새겨보면 어떨까?

1. 환전

해외여행을 갈 때 '써니뱅크' 환전 어플 활용. 은행보다 간편하고 높은 우대율. 공항 ATM에서 수령 가능.

2. 저렴한 항공권 발권 방법

1) 항공사 뉴스레터 구독 후 얼리버드 특가 활용.

2) 얍타(Yapta) 또는 하퍼(Hopper) 앱을 사용해 추적 중인 항공편 가격 알림을 보내도록 설정.

2) 항공권을 싸게 사려면 여행 가기 전 예약을 필리핀 7주, 일본 9주, 태국 14주, 베트남 18주, 싱가포르 19주, 호주 21주, 스페인 22주, 영국 23주, 미국 23주 앞을 노려라!

3) 해외 항공권은 가장 저렴한 달이 3월(연평균보다 10% 저렴). 가장 비싼 달이 8월(여름 휴가철, 연평균보다 10% 더 비싸다.)이다.

4) 도시별 최적의 여행 시점 (연평균 대비 가격)
   ① 3월 : 홍콩(-16%), 태국 방콕(-17%), 필리핀 칼리보(-18%), 미국 괌(-19%), 미국 사이판(-21%), 일본 오키나와(-24%)

② 11월 : 일본 오사카(-14%), 베트남 하노이(-14%), 베트남 다낭(-15%), 필리핀
세부(-18%), 일본 삿포로(-31%)

5) 징검다리 휴일이 낀 황금연휴 기간은 일부 항공사가 인기 여행지를 중심으
로 항공편을 갑자기 늘릴 수 있다. 이때 가격이 조금 더 저렴한 비행기 표가
나오기도 한다.

6) 일요일 저녁부터 화요일 저녁 사이 : 항공사들이 주말까지 팔리고 남은 항
공권 가격을 내려 판매하는 경향 있음. 한국에서 출발하는 항공권을 일요
일에 구매하면 이코노미클래스(일반석) 기준 최대 31.5% 저렴. 프리미엄급
좌석(비즈니스 및 퍼스트클래스)도 최대 42.6% 저렴한 가격에 구매 가능.

7) 업무상 잦은 횟수의 출장지라면 주말을 붙이는 일정이 평일로만 이뤄진 때
보다 저렴. 일정에 주말을 포함할 경우 평균 25%의 항공료 절감 가능.

3. 성수기보다는 비수기 시즌 활용

4. 저렴하게 숙박 예약하는 방법

1) 금요일 : 호텔을 예약하고 결제하는 시점으로 가장 유리. 호텔 예약 시 가장
비싼 요일은 일요일.

2) 여행 예약 전문업체 익스피디아(Expedia), 프라이스라인(Priceline.com), 카
약(Kayak) 같은 사이트에서 쇼핑을 시작해 해당 여행지의 호텔을 찾은 다음
온라인으로 호텔 프로모션 코드 검색.

옷은 발견하는 것이다

육천플 멤버였던 지혜님(가명)은 뛰어난 의류비 감축 기술로 모두를 깜짝 놀라게 한 분이다. 그는 프로젝트를 시작하고 1년 6개월 만에 처음 옷을 샀단다. 옷을 사는 데서만큼은 아낌이 없어 3~4개월에 한 번씩 백화점에 들러 30만 원 정도, 연간 약 120만 원 이상을 썼던 과거와 비교하면 놀라운 변화다.

그렇게 쓰던 의류비를 확 줄이면 요요 현상 같은 게 오지 않냐고 물으니 우울증 비슷한 증상이 찾아왔었다고 한다.

많은 육천플 멤버가 이른바 '재테크 권태기'를 겪는다. 누구나 그렇다는 건 아니고, 보통 통제하고 억압하는 데서 오는 심리적

통증을 이렇게 부른다. 몇 달을 잘 견디면 상 받는 기분이 느껴진다고 할까, 소유욕이 사라지는 놀라운 경험으로 이어지곤 한다.

지혜님은 6~8개월 이 권태기를 겪고 소유욕이 많이 사라졌다고 했다. 물건보다 미국 주식 한 주를 더 사고 싶어지는 생산적인 욕구가 발동한다는데 이건 나도 똑같다. 그렇다고 옷은 아예 사지 않을 수도 없는 의식주 중 하나기에 어떤 식으로 구매했는지 물어봤다.

"이번에 1년 반 만에 옷을 구매하셨다고 하셨죠?"

"네, 폐업을 앞둔 브랜드 전문점에 갔었죠. 예전이라면 상상할 수 없는 거지요. 요즘에는 당근마켓에서 보기도 하고요. 육천플 이전에는 계절마다 옷을 사야 한다고 굳게 믿던 편이었어요. 매년 옷을 사는데도 옷장을 열어보면 이상하게 입을 옷이 없다고 한탄하곤 했는데, 사질 않으니 할 수 없이 사 둔 옷을 고르게 되는데, 입을 만한 것들이 꽤 보이더라고요."

나도 열 달 가까이 옷을 사지 않던 참이었다. 의도한 건 아닌데, 생활비로 책정한 금액 탓에 옷 살 돈이 남아 있지 않았다. 그렇지만 봄, 여름, 가을을 무난히 보냈다.

지혜님 말마따나 옷장에 옷이 이렇게나 많은지 처음 알았다. 돌아가면서 입어도 넉넉했다. 게다가 입는 옷만 입는다는 사실도 우연히 알아차렸다. 신랑도 자기가 좋아하는 옷만 입는 건 똑같았다. 옷장을 정리하면서 안 입고 버려야 할 옷들을 대폭 줄였지만, 그래도 여러 옷이 꾸역꾸역 들어차 있다.

《심플하게 산다》의 작가의 집 영상을 보고 적잖은 충격을 받았던 적이 있다. 그는 집에 가지고 있는 물건이 정말 몇 가지 되지 않았다. 잘 건조되는 소재로 만든 수건을 딱 한 장 두고, 쓰고 나면 바로 빨래해서 걸어놓았다. 옷과 신발은 몇 개 정도로 모두 깨끗했다.

보관용 배낭이 멋진 식탁으로 변신한 장면에서는 물건에 잠식당하지 않고 사는 진정한 자유로움이 배어 나왔다. 회사 책상도 마찬가지. 직장동료들이 그 책상을 처음 보고는 낯설어했다고 한다. 마치 퇴사를 앞둔 사람의 책상처럼 언제나 말끔해서 생경했던 것이다. 필기구를 서랍에 보관해 책상 위에는 정말 아무것도 없었다.

여전히 내게 소비는 잠재워지지 않는 본능임을 수시로 자각한다. 이 욕구는 비단 나만 느끼는 고충은 아닐 것이다. 짠테크,

재테크족 중 많은 분이 소비에 죄책감을 느끼거나 재태기에 빠지고는 한다고 호소한다.

"이게 다 뭐야? 웬 신발이 이렇게 많은 거야? 베란다에 가득 쌓인 신발 산자 꾸러미, 방 한편을 가득 채운 옷 무덤, 여러 가방과 잡동사니들. 신발 상자 안에는 심지어 신지도 않는 신발들이 열 켤레 넘게 엉겨 있다.

부모님 품에서 벗어나 동생과 단둘이 독립했을 때였다. 나는 대학교에 다녔고, 동생은 또래보다 이른 사회생활을 했다. 녹녹지 않은 사회생활 탓에 동생은 잿빛 얼굴을 하고서 퇴근할 때가 잦았다. 지금 돌이켜보니 동생은 호락호락하지 않은 사회생활의 어려움과 스트레스를 쇼핑으로 해소했던 것 같다. 신지도 않을 새 신발들, 메고 다니지 않을 가방, 몇 년을 입어도 남을 옷들로 마음의 허기짐을 채울 수 있으리라 여겼던 것이다.

모 개그우먼의 집들이 영상을 우연히 보게 됐다. 집안 곳곳을 가득 채운 수많은 피규어와 인형, 신발들이 TV 화면을 꽉 채웠다. 어린 시절 가난하게 살았던 그는 어른이 되고 돈을 벌면서 자연스럽게 무언가를 사서 채우고 있었다고 한다.

채우려는 일은 일종의 보상이다. 마음 깊은 곳에 자리 잡은 결핍이 채움으로 위로가 되고 안정감을 줄 수 있다. 그러니 무조건 행동을 억눌러 정서를 헤칠 필요는 없다. 그저 어떤 이유로 물건을 사서 채우는지 마음을 관찰해보는 시간이 중요하다. 필요하지 않은 물건으로 우리 감정과 공간이 헝클어진다고 느껴지면 과감히 끊어내자.

알짜 TIP

의류, 잡화 등 저렴하게 구매하기

1) 오프라인 매장에서 구매하려는 상품 둘러보기

오프라인 매장에서 마음에 드는 상품의 상품 품번을 메모해 오거나 사진을 찍어온다.

메모해 온 상품 품번을 네이버 검색창에서 검색해 최저가 순으로 정렬한 뒤, 배송비가 없거나 상품구성이 잘된 것 중 저렴한 것을 온라인으로 주문한다.

2) 계절이 반쯤 지난 뒤 구매

대부분 상품은 해당 계절이 가장 비싸다. 계절이 반쯤 지났을 때 할인 폭이 크다.

3) 중고, 보세, 나눔가게 등 활용 : 시가보다 40~80%가량 저렴

- 행복한 나눔 가게 : 길음점, 목동점, 문래점, 방배점, 부여점, 서울극장점, 연희점, 염창점, 인천가좌점, 서귀포점, 청라신도시점, 화전점(땡스아울렛) 창고형 매장.
- 아름다운 가게 : www.beautifulstore.org

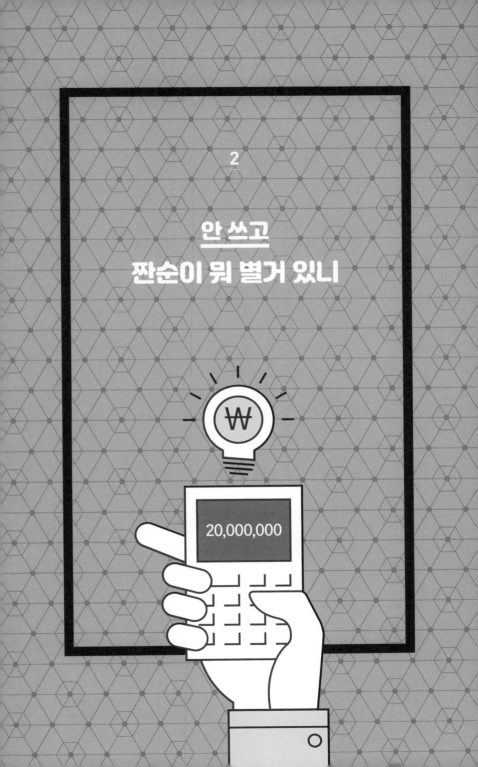

쏘울(Soul) 가계부

"언니, 뭐 해? 가계부 쓰고 있는 거야?" 장을 볼 때마다 핸드폰을 켜고 뭔가를 적고 있는 나를 신기하게 바라보면서 동생이 툭 질문을 던졌다. 나는 지금 영혼 있는 가계부 적기를 실천하고 있다. 그것도 매일 실시간으로!

일과 중 하나가 가계부 쓰기다. 전부터 가계부는 하루도 빼놓지 않고 쓰고는 있었다. 다만 (지금 돌이켜보면) 요식행위였다. 이 반성 없는 기록 행위는 결혼 1년이 넘어가도록 소비 습관을 개선해주지 못했다. 영혼이 있는, 그러니까 올바른 가계부를 쓰자고 다짐했던 게 이즈음이다.

요체는 '주간 예산을 세우고 그 예산에 맞게 소비'하는 일이다. 주간 예산 계획은 한 달 지출액 중 해당 항목에 할당된 금액을 한 주 단위로 쪼개는 것이다. 가령, 우리 집 식비는 한 달 예산이 30만 원이다. 이걸 4주로 쪼개면 1주일당 7만 원이 나온다. 물론, 한 달이 다섯 주라면 1주일당 6만 원이다.

금연, 금주와 더불어 가히 용두사미로 끝나기에 십상인 가계부 쓰기는 먼저 오래 걸리지 않아야 한다. 그저 버릇처럼 나오도록 인에 박여야 한다.

지출이 발생할 때마다 모바일에 저장된 엑셀을 켜고 금액을 바로 기록한다. 장을 보고 나면 잠깐 멈춰 서서 1분이면 충분한 시간에 적어 넣는 것이다. 처음에는 의식적으로 해야겠지만, 습관으로 자리 잡는 데는 놀랄 만큼 빠르다.

하루를 마감하면서 몰아 쓰겠다고? 일일 지출을 다 기억해내는 건 컴퓨터가 아니라면 어렵다. 무엇보다 시간이 오래 걸리면 가계부 쓰기는 흥미가 떨어지고 만다.

우리 부부는 가계부를 비밀 일기장처럼 다루지 말고 오픈하는 쪽을 택했다. 그래서 일부러 비공개 카페를 운영한다. 이 비공개 카페에 가계부를 올려서 공유하는데, 서로의 든든한 조언자가 된다. 가끔 눌러오는 신랑의 공감 표시와 댓글은 큰 위안이다.

기록으로 그치는 것이 아니라 주간 혹은 월간 예산 안에서 얼마나 잘 지켰는지 분석하는 일이 관건이라서 반성과 성찰이 꼭 따라온다.

다른 달, 다른 주 대비 지출이 줄면 스스로 칭찬해주고, 늘었으면 왜 그랬는지 문제점을 살펴본다. 이 문제의식을 토대로 다음 달 지출 목표를 세우고 소비할 때 바짝 신경 쓰면 된다.

가계부를 같이 쓰는 모임이 있으면 금상첨화다. 6개월에 2천만 원이라는 목표를 달성하게 해준 일등공신은 바로 이 모임이라고 해도 과언이 아니다. 단톡방 등으로 모임이 결성되면 가계부 인증을 통해 서로서로 피드백한다. 함께 성장해가면서 재테기(재테크 권태기)가 왔을 때도 치유되는 놀라운 힘을 발휘한다.

"그분은 20대의 젊은 나이에 꼬마빌딩 건물주가 되었다고 해요. 어린 시절 너무도 가난해서 경제적 자유를 이루고자 하는 마음이 강했었다죠. 그래서 얼마 되지 않는 월급을 한푼 한푼 모아서 결국은 이루고야 말았어요.

그분 습관 중 인상 깊었던 것이 늘 메모지를 한 장 들고 다니는 것이에요. 매일 지출이 일어날 때마다 메모하는 것이지요. 그렇게 돈 관리를 했다고 해요." 지인으로부터 전해 들은 젊은 꼬마빌딩 건물주 이야기다. 소비 습관을 관리하는 기계적 반응의 놀라운 위력 아닌가.

328	2020년 7월 가계부 🖉	큐트님	2020.07.06.
322	2020년 6월 가계부 🖉	큐트님	2020.06.03.
319	2020년 5월 가계부 🖉	큐트님	2020.05.06.
315	2020년 4월 가계부 🖉	큐트님	2020.04.06.
314	월별 및 일별 가계부 🖉	큐트님	2020.03.25.
312	2020년 3월 가계부 🖉	큐트님	2020.03.05.
299	2020년 2월 가계부 🖉	큐트님	2020.02.03.
290	2020년 1월 가계부 🖉	큐트님	2020.01.02.
281	2019년 12월 가계부 🖉	큐트님	2019.12.02.
277	2019년 11월 가계부 🖉	큐트님	2019.11.01.
272	2019년 10월 가계부 🖉	큐트님	2019.10.03.
267	2019년 9월 가계부 🖉	큐트님	2019.09.02.
265	2019년 8월 가계부 🖉	큐트님	2019.08.06.
263	6월 가계부 🖉	큐트님	2019.07.08.
262	2019년 7월 가계부 🖉	큐트님	2019.07.02.

부부가 함께 운영하는 비공개 카페

6개월에 2천만 원씩 꼬박꼬박 쌓이는 월급 재테크

지출 디톡스 데이

육천플에서 '무(無)지출 데이'에 도전하라는 지령(?)을 받았을 때는 소위 멘붕이 왔다. "하루에 한 푼도 쓰지 않고 살 수 있단 말인가? 그게 과연 가능할까?" 하루라도 쓰지 않고 살아본 적이 없으니 당연한 의문이 들 수밖에.

소비 본능을 억누를 수 있을지, 하루에 기본 만 원 이상은 지출하니 무지출은 어려운 미션이었다. 무지출 지령을 받은 날은 더구나 소비를 부르는 주말이었다. 외식하기 딱 좋은 날 아닌가!

안간힘을 썼다. 편의점에서 사 먹고 싶은 캔 커피 유혹을 억누르고, 외식 욕구를 가까스로 진정시켰다. 지출이라는 본능을 억제하는 게 보통 어려운 일이 아니었다. 이렇게 처음 무지출에 성공한 그날 밤은 자신이 어찌나 위대해 보였는지 모른다.

지출에도 디톡스가 필요하다고 각성한 건 이때다. 지출의 독소 빼기! 그 시작을 무지출 데이로 해보자. 무지출 데이는 지금도 여전히 쉽지 않지만, 일주일에 하루 이상은 하려고 한다. 지출로 소비가 체하기 일보 직전이었을 때 무지출 데이를 가지면 심리적으로도 그 체기가 가라앉는 기분이 든다.

오늘 무지출을 하겠다고 선언했다면, 계획을 세우는 일이 성공으로 이끄는 첫 발걸음이 된다. 어쩌다 무지출 데이와 계획적 무지출 데이가 있는데 서로 다르다.

계획적 무지출 데이는 어떻게 하면 식비, 간식비, 잡화 등을 쓰지 않을지 궁리한다는 특징이 있다. 하루 일상을 돈 쓰지 않을 동선으로 짜는 일은 얼마나 짜릿한지… 앞에서도 언급했지만, 쓸모없이 감정만 소모하는 모임을 효과적으로 차단하는 특별한 방법이 된다. 어쩌다 무지출 데이는 말 그대로 어쩌다가 운 좋게 그날 무지출에 성공한 것이다. 결과적으로, 목표가 있는 무지출 데이가 훨씬 쉽게 달성할 수 있고 효과적이다.

〈식비 혁명〉에서도 이야기했지만, 우리 집 냉장고에는 별것 없는 것 같으면서도 은근히 뭔가 많다. 냉동실에 보관돼 있던 옥수수, 떡, 식빵 등을 꺼내 놓으면 한 상 거나하게 차려진다. 냉장고 파먹기는 무지출 데이의 훌륭한 도구가 되면서 요리 실력도 키워주고 있다.

요즘 신용카드 혹은 인터넷 은행들이 페이 사업에 발 벗고 나섰다. 각종 페이 결제에는 고객을 확보하기 위해 마련한 '혜자스러운' 이벤트가 수없이 많다. 우리는 주로 페이북이라는 결제 방식으로 무지출 데이에 성공할 수 있었다.

처음 무지출 데이를 했을 때만 해도 페이북에서 하루에 500원 이상 결제 시 며칠 뒤에 500원 페이백이 됐다. 하루에 3번이 가능했는데, 주로 GS25에서 삼각김밥이나 우유로 이를 활용했다. 혜자 이벤트는 이제 막을 내리고 몇천 원 이상 결제하면 월 3회 500원 페이가 가능하다.

상품권은 십분 활용된다. 우리에게는 ○세계 상품권이 가끔 생기는 편이었다. 예전에만 해도 상품권이 생기면 없던 외식을 하고 옷을 사는 데 흥청망청 썼다. 공돈이라는 인식 탓에 현금보다 더 가볍게 썼던 것이다. 그런데, 이 상품권을 현금 결제가 가능한 '쓱페이(신세계 계열사에서 제공하는 앱 결제 방식. 5만 원, 10만 원 신세계 상품권을 현금처럼 사용할 수 있는 결제 방식(페이)으로 바꿀 수 있다)'로 전환했더니, 무지출이 훌륭하게 보완됐다. 결과적으로 현금 지출은 발생하지 않은 셈이다. 쓱페이는 우리 집 식비와 무지출 데이를 방어하는 필수 아이템이 됐다.

무지출 데이는 물질은 물론 정신적으로 풍요를 선물했다. 될수 있으면 약속을 잡지 않게 되니 의미 없는 말과 감정의 배설로 낭비되는 시간이 줄어 영혼이 풍요로워진 기분이다. 같은 목표를 설계하고 긍정적인 생각을 공유할 건설적이고 양질의 인간관계가 꾸려진 것 같다. 지출로 맘고생 하는 분들이 있다면, 무지출 데이를 꼭 해보라고 권유하고 싶다.

무지출 데이 횟수가 많아질수록 자존감이 높아지는 뚜렷한 인과관계를 경험하게 된다. 자존감이 높아진 후에는 더 큰 목표 설정이 쉬워진다. 무지출 데이는 지출 디톡스의 탁월한 지름길이다. 무지출로 칭찬을 받게 되면, 한껏 고무돼 다시 무지출을 감행하는 심리에 방아쇠를 당긴다.

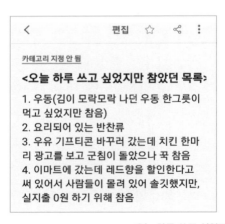

오늘 하루 쓰고 싶었지만 참았던 목록

통장 쪼개기는 필수일까?

《4개의 통장》이라는 책이 선풍적인 인기를 끌었던 적이 있다. 재테크에 무지했던 시절 대체 통장을 왜 4개나 나눠야 하는지 궁금증이 폭증했다. 그저 통장은 한 개만 두고 잘 관리하면 충분할 터 여러 개 있으면 되레 번거롭고 불편할 것 같았다.

이 책은 통념을 단번에 깨뜨렸다. '4개의 통장'으로 가정의 재무 구조를 기업처럼 한눈에 볼 수 있게 만든다. 육천플 프로젝트의 통장 쪼개기도 이와 비슷한 맥락에서 출발한다.

육천플에서는 이론을 토대로 각자 재무 상태에 맞춰 머니트리(통장 쪼개기)를 그림으로 옮기고 이를 실천하는 데 방점을 찍는다.

통장 쪼개기를 직접 해보니 이렇게 편할 수가 없다. 매월 초한 번만 신경을 써주면, 돈이 시스템으로 관리된다. 기업의 현금 흐름표처럼 수입과 지출을 한눈에 보여주니 한 달 지출을 예상하고 이에 맞게 대비해줄 뿐만 아니라 지출을 엄격하게 통제해준다.

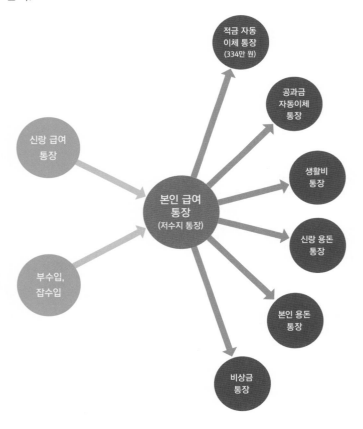

통장 쪼개기를 진행한 우리 집의 현금흐름표

그렇다고 통장을 무턱대고 쪼개도 좋다는 건 아니다. 용도별·목적별로 분류해야 한다. 예를 들면, 우리 가계는 1) 신랑 급여통장 2) 본인 급여통장 3) 적금 자동이체통장 4) 생활비 통장 5) 공과금 자동이체통장 6) 신랑 용돈 통장 7) 본인 용돈 통장 8) 비상금 통장 이렇게 8개의 입출금(요구불) 통장으로 나눴다.

여기에 투자용 통장으로 CMA(계좌)를 만들어 운용했다. CMA란, 은행의 수시 입출금 통장처럼 자유롭게 넣다 뺄 수 있는 계좌를 말하는데, 증권사에서 개설한다는 점이 다르다.

이 계좌는 은행 계좌처럼 예금자 보호는 되지 않으나, 금리가 은행보다는 약간 높은 편이다. CMA를 개설하는 방법은 크게 2가지. 오프라인으로 증권사 지점을 방문해 지점 직원에게 CMA 계좌를 만들어 달라고 하거나(신분증을 지참하고 개설을 요청해야 한다) 온라인으로 비대면 계좌를 트는 것이다. 요즘에는 모바일 증권사 앱이 잘 구축돼 있어서 클릭 몇 번만으로도 열 수 있다. CMA 계좌는 6개월 이후를 대비한 통장이다.

1단계. 본인 급여통장은 말 그대로 돈이 수급되는 저수지 통장이다. 특히 신랑 급여통장에 월급이 들어오면 우선 본인 급여통장으로 몰아넣는다. 모든 수입은 본인 급여통장으로 모이게 된다. 부수입, 잡수입도 마찬가지로 '본인 급여통장'에 넣는다.

2단계. 본인 급여통장에서는 월 지출을 예상한다. 월 지출은 보통 비소비성 지출과 소비성 지출로 나뉘는데, 비소비성 지출은 적금, 연금, 투자금처럼 자산을 증식하려는 목적이 강한 지출을 말하고, 소비성 지출은 생활비, 공과금, 대중교통비 등 일회성 지출이다. 이제 각 통장에 금액을 넣는다. 통장이 쪼개지고 난 후 본인 급여통장 금액은 항상 제로 상태로 만들어 둔다.

3단계. 적금 자동이체통장은 매달 저축해야 할 금액을 넣어 둔다. 우리 가계는 6개월에 2천만 원 모으기라는 목표 금액이 있으므로 334만 원을 월초에 넣었다. 이 돈은 꼭 소비성 지출보다 먼저 넣어야 한다. 돈이 있으면 자꾸 쓰기 마련이다.

4단계. 생활비 통장은 한 달 동안 써야 할 비고정 지출이다. 비고정 지출이지만, 한 달간 써야 할 금액을 고정비처럼 넣어 두었다. 생활비 통장에서 지출되는 금액은 주로 공동 식비, 잡화·미용·의류 구매비 등이다.

5단계. 공과금 자동이체통장은 거의 고정적이라, 월평균 지출을 대략 예상할 수 있다. 월초에 예상된 공과금만큼 이 통장에 넣어둔다.

공과금 자동이체 통장은 뜻밖으로 꿀팁이 됐다. 이 통장을 개설하기 전까지 우리는 생활비 통장과 공과금 자동이체 통장이 하나였다. 그런데, 생활비를 쓰다 보면 월말 공과금이 나갈 때쯤에 잔액이 부족해지기 일쑤. 2개로 통장을 쪼개고 나니 이런 불상사(?)가 자연스럽게 사라졌다.

6단계. 신랑 용돈 통장과 내 용돈 통장의 구분이다. 신혼 초 신랑과 내 용돈 통장이 분리되지 않아 생활비 통장에서 돈을 꺼내 실컷 먹는 데 썼다. 지출이 통제 불능 상황에 빠져 매달 식비로만 150만 원 가까이 나갔다.

씀씀이는 누구 혼자만 통제해서 될 일은 아닌지라 고민 끝에 마련한 것이 각자 용돈 통장이다. 정해진 지출 한도 때문에 잔액이 제로가 되면 자연스레 한 달 동안 힘들게 생활해야 한다는 걸 알기에 서로 철저한 관리에 돌입하게 된다.

지출 통제에 부단히 애쓰는 신랑이 귀여워 보이기도 하고, 약간은 측은해 보여 지출 관리를 잘하면 가령, 다음 달에 포상으로 용돈 1만 원씩 더 주기도 한다.

7단계. 비상금 통장 또한 꼭 있어야 한다. 1단계부터 6단계까지는 한 달 예산이 어느 정도 예측된다. 하지만, 가계 지출은 생각만큼 고정적이지 않을 때가 흔하다. 특히나 결혼한 부부라면 예상치 못한 경조사가 훅 하고 돌아온다.

통장 쪼개기를 하면, 신용을 미리 당겨서 쓰는 신용카드를 쓰지 않게 된다. 매월 통장에 쓸 만큼의 여유 자금이 있으므로 굳이 신용카드가 필요 없어지는 것이다.

알짜 TIP

1. 은행별 입출금 통장 개설

입출금 통장 신규 개설 후 영업일 기준(공휴일, 주말 제외) 15일이 지나야 또 다른 입출금 통장을 만들 수 있다.

2. 카카오뱅크 통장

1) 카카오톡에서 카카오뱅크 입출금 통장 개설 가능. 매주 금액을 증액할 수 있는 카카오 26주 적금으로 적금의 기초 체력을 길러보자(증액 금액 설정은 자유롭게 가능).

2) 카카오 저금통 : 매일 24시를 기준으로 1,000원 미만의 자투리 금액이 다음날 오전에 자동 적금.

3. 하나은행 통장

오늘은 얼마니 적금 : 매일 오전에 오는 문자에 답변해주는 방식으로 자유롭게 일정액 적립 가능(단, 공휴일, 주말에는 문자가 오지 않으나, 본인이 문자를 보내면 적립 가능)

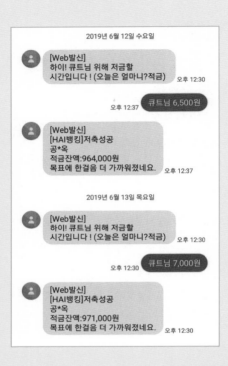

2019년 6월 12일 수요일

[Web발신]
하이! 큐트님 위해 저금할
시간입니다 ! (오늘은 얼마니?적금)   오후 12:30

오후 12:37   큐트님 6,500원

[Web발신]
[HAI뱅킹]저축성공
공*옥
적금잔액:964,000원
목표에 한걸음 더 가까워졌네요.   오후 12:37

2019년 6월 13일 목요일

[Web발신]
하이! 큐트님 위해 저금할
시간입니다 ! (오늘은 얼마니?적금)   오후 12:30

오후 12:30   큐트님 7,000원

[Web발신]
[HAI뱅킹]저축성공
공*옥
적금잔액:971,000원
목표에 한걸음 더 가까워졌네요.   오후 12:30

하나은행 '오늘은 얼마니 적금'

6개월에 2천만 원씩 꼬박꼬박 쌓이는 월급 재테크

신용카드의 폐해 : 그래서 카드 돌려막기를 했었다고?

신용카드를 딱 한 장 가지고 있다. 예상치 못한 변수가 발생했을 때를 대비한 비상용이다. 카드 사용 빈도수는 아직 많지 않다. 예상했겠지만, 우리의 주된 지출 방식은 체크카드와 현금(현금영수증)이다.

결제 방식을 신용카드에서 체크카드로 바꾸게 된 데는 이유가 있다. 대학교 휴학 중 첫 직장생활을 하면서 만든 신용카드는 신세계를 경험하게 해주었다. 할인도 많이 해주거니와 지금 당장 현금이나 큰돈이 없어도 상관없다. 신나게 긁었다. 결제 한도만큼 꽉꽉 채워서 말이다.

위기는 늘 만족할 때 찾아오는 법. 쥐꼬리만 한 월급이 결제 대금으로 빠져나간 뒤 지갑이 텅텅 비면서 불상사가 터지고 말았다. 어느새 신용카드 하나가 또 발급돼 있었다. 신용카드로 부족한 돈을 보충하는 속칭 '카드 돌려막기'를 하고 있던 것이다. '카드 돌려막기'는 뉴스에서만 나오는 이야기인 줄 알았더니 등잔 밑이 어두웠다.

정신을 차렸을 땐 수중에 신용카드 4장, 스트레스로 해소했던 쇼핑 물품들이 집 안 구석구석 가득했다. 통장 잔액은 100만 원도 안 됐다. 잔액 체크는 아득해진 정신에 찬물을 끼얹어 주었다. 분명 돈을 벌려고 휴학까지 하고 직장에 들어갔건만, 뭐 하는 짓인지 한심했다. 가지고 있던 신용카드 4장을 그 자리에서 가위로 자르고 체크카드와 현금으로만 생활하자고 마음먹었다.

소비와 지출 통제가 잘되는 사람이라고 자부했지만, 신용카드는 잠자고 있던 지출 충동마저 내버려 두지 않았다. 다시 저축을 시작하게 된 계기는 결국 신용카드 절단식이라는 극단적 선택이었다.

1998년 IMF 사태 뒤 냉각된 소비 심리를 부추기고 경기 부양의 필요성을 충족할 히든카드가 바로 신용카드 활성화였다. 신용도는 개의치 않고 무분별하게 발급된 신용카드는 결국 2003년 또 한 번 큰 사태를 불러왔다. 구제

금융 당시 193만 명이던 신용불량자가 신용카드 사태 직후인 2004년 382
만 4,000명으로 늘어났다. 그중 80%가 신용카드 사용으로 신용불량자가
됐다고 한다. 당시 경제활동인구 1인당 신용카드 수가 4.6장에 육박했다.
_출혈경쟁이 부른 2003년 신용카드 사태, 2020.09.26. EBN 김남희 기자

신용카드는 통제력의 고삐를 푸는 마력이 있다고 인정할 수
밖에 없다.

지출이 억제되지 않아 고민이라면 체크카드와 현금만으로 가
정 경제를 운영해보기 바란다. 지출 통제에 강력한 드라이브를
걸어준다.

체크카드 중에도 알짜배기들이 많으니 소비 패턴에 맞게 선
택해보자. 다만, 전월 실적 한도에 유의해야 한다. 대부분 카드
사에서는 할인 혜택과 포인트를 제공하기 위해 전월 실적 한도
를 둔다. 전월 실적 한도 마지노선까지 채우고 다른 카드를 쓰는
게 현명하다.

카드에 네이밍 스티커와 견출지로 전월 실적, 혜택 내용을 적
어 붙여 놓으면 유용하다. 보통 카드를 발급할 때만 사용 혜택
을 파악할 뿐 곧 잊어버리기 일쑤라서 가벼운 메모는 보이지 않
던 혜택을 누리도록 돕는다.

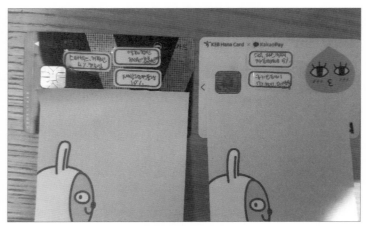

카드사에서 운영하는 애플리케이션을 활용해보자. BC카드사
에서 운영하는 페이북 애플리케이션은 소유한 실물 카드를 QR
코드로 결제하는 것인데, 결제 때마다 유용한 할인 혜택을 많이
준다. 가령, 편의점에서 일정액 이상 결제하면(기준금액이 매월 달
라지고 있음) 500원이 할인(월 3회 기준)된다.

신용카드 자르기는 여간해선 쉽지 않다. 예측지 못한 지출 상
황이 발생하거나 그달에 현금이 순환되지 않을 때는 불가피하
게 신용카드가 필요할 수 있다. 이왕 쓸 거라면 쏠쏠한 신용카
드 혜택을 챙겨보자.

카드사에서 제공하는 이벤트, 할인 쿠폰들은 체크카드보다

는 신용카드 이용 고객들에게 제공하는 빈도도 많고 할인 폭도 크다. 만약 자영업자나 개인사업자라면 세금 신고에서는 유리할 수 있다.

절약은 궁핍한 것일까?

"텔레비전 코드 잘 뽑았네! 잘했어" TV 시청을 마친 남편은 으레 코드를 뽑아 벽면에 걸쳐 놓는다.

물론 처음부터 그랬던 건 아니다. 절약하는 생활에 적응하는 데는 적잖은 애로가 있었다. 결혼 초만 해도 전기, 수도, 도시가스 같은 에너지를 펑펑 써대는 게 아깝지 않았다. 에너지 절약은 무슨, 우리 부부에게는 생활의 편리함이 더 중요한 가치였다.

'절약' 하면 불편으로 생각한 철부지 부부가 머리끈 질끈 동여매고 돈 좀 모아보자 각오를 했으니 마중물을 찾아보고자 했다. 이렇게 우리는 시에서 추진하는 '에코마일리지'에 가입했다.

'에코마일리지'는 홈페이지에서 회원가입하고 전기, 수도 그리고 가스 중 2가지 이상에 고객 번호를 등록해야 한다.

현재 시점에서 2년간 평균치와 비교한 다음에 6개월 평균 사용량을 측정해 5% 이상 절감되면 에코마일리지를 받는데, 절감률에 따라 1만 원에서 최대 5만 원까지 지급된다.

우리는 2019년에 가입한 이후 쭉 에코마일리지를 받았다. 첫째 달에는 3만 원, 둘째 달에는 5만 원에 육박했다. 우리 집은 40% 이상 절감하고 있는데, 마일리지는 주로 현금으로 이체받는다.

에코마일리지를 매회 받을 절약 노하우가 있다.

첫째, 제일 수월한 편에 속하는 전기 절약은 대기전력이 포인트다. 전기 사용량에 대기전력이 특히 많이 포함돼 있다. 콘센트를 멀티탭으로 바꾸고 사용하지 않을 때는 멀티탭 전원을 꺼둔다.

TV 전원도 마찬가지. 보지 않을 때는 코드를 빼둔다. 매번 전기 코드를 빼두는 일이 귀찮았지만, 전자제품이 전기 코드에 꽂혀 있기만 해도 엄청나게 소모되는 대기전력량을 본 뒤엔 생각을 고쳐 먹었다. 가정에서 이 대기전력만 잡아도 한 달 7천 원~1만 원을 절약할 수 있다.

전기밥솥이 전기 먹는 하마라는 말을 듣고, 밥이 완성되면 갓 지은 밥을 팩으로 만들어 냉동실에 보관했다. 밥을 먹을 때마다 꺼내 전자레인지에 데우면 마치 갓 지은 밥맛이 난다. 외식비도 절감하고 전기도 절약하니 일거양득이다.

에어컨을 켤 때는 짧은 시간에 실내를 시원하게 만든 뒤에 희망 온도를 28~30도에 맞춰 사용했다. 전기 절약한답시고 반복해서 껐다 켜면 되레 전기를 더 많이 먹는다고 한다. 실외기 가동 방식상 일정한 온도로 사용하는 게 전기 사용량에 무리를 주지 않는다.

에어컨 중에선 인버터 콤프레셔 방식이 전기요금을 훨씬 더 절약해준다고 알려졌다. 덕분에 과거 에어컨으로 인한 전기료 폭탄을 더는 맞지 않게 됐다. 에어컨을 바꿔야 한다면 인버터를 고려해보자.

둘째, 가스 절약법이다. 우리 집은 가스레인지와 난방에 가스를 쓴다. 봄, 여름과는 달리 가을, 겨울철만 되면 가스비가 어마어마하게 증가하는 경향이 있다. 고민 끝에 선택한 건 난방 텐트다. 온수 매트 위에 난방 텐트를 설치했더니 그렇게 따뜻할 수가 없다.

온수 매트는 전기를 쓰지만, 생각보다 요금이 많이 나오지 않아 가스 요금을 엄청나게 절약한다. 가스 요금으로 고민이고 특히 웃풍이 있다면 난방 텐트를 추천한다. 아울러 겨울철에 집을 비울 때는 도시가스 스위치를 끄지 않고 외출로 해둔다. 기온이 영하로 떨어지면 동파사고에도 유의해야 하므로 도시가스 전원은 무조건 꺼두지 않는 편이 좋다.

셋째, 수도 절약 노하우다. 수도요금을 줄이고자 우리는 변기 안에 물을 가득 채운 물병 하나를 집어넣었다. 자연스럽게 변기에 물을 내릴 때 사용하는 물양이 줄어든다. 빨래할 때는 세탁물을 한꺼번에 모아서 한 번에 한다.

수많은 절약 팁이 온라인에 돌아다니지만, 대부분은 공과금 그까짓 것 절약해봐야 얼마나 도움 되겠냐는 의구심에 시도해보지도 않는다. 하지만, 여름철 전기요금이나, 겨울철 가스요금은 절약을 습관화하느냐 아니냐에 따라 연간 100만 원이 왔다갔다 한다. 이 돈을 10년만 모으면 1,000만 원이다. 이만하면 마법의 도구가 될 만하다.

주요 가전 기기의 평균 대기전력

품목	대기 전력(W)
셋톱박스	12.27
인터넷 모뎀	5.95
에어컨(스탠드형)	5.81
보일러	5.81
오디오 스피커	5.60
홈시어터	5.10
비디오	4.93
유무선 공유기	4.03
DVD	3.72
전기밥솥	3.47
컴퓨터	2.62
프린터	2.61
전자레인지	2.19
TV	1.27
휴대전화 충전기	0.26
선풍기	0.22

※ 국내 가정 실측   자료 : 2011년 한국전기연구원조사

6개월에 2천만 원씩 꼬박꼬박 쌓이는 월급 재테크

알짜 TIP

1. 탄소 포인트와 서울시 에코마일리지

구분	탄소포인트제	서울시 에코마일리지
개요	환경부에서 운영하는 전 국민 대상 온실가스 감축 시민참여 프로그램	서울시에서 운영하는 온실가스 감축 시민참여 프로그램
가입 대상	전 국민(서울시민 제외)	서울시민
인센티브 내용	6개월간 가정 내 전기·수도·도시가스 개별 사용량을 과거 2년 대비 10% 이상 감축 시 연 최대 7만 에코머니 포인트 적립	6개월간 가정 내 전기·수도·도시가스 합산 사용량을 과거 2년 대비 15% 이상 감축 시 연 최대 10만 에코머니 포인트 적립
가입방법	온라인 ·한국환경공단 탄소포인트 cpoint.or.kr 오프라인 ·신청서 작성 후 거주 지방자치단체(전국 시청, 구청, 주민센터)에 제출	온라인 ·서울시 에코마일리지 ecomileage.seoul.go.kr 오프라인 ·신청서 작성 후 거주 지방자치단체(서울 시내 시청, 구청, 주민센터)에 제출

2. 에너지 사용량 문의

- 서울시 : 다산콜센터 120, 서울시 외 : 한국환경공단 (032)590-3420~6

3. 친환경 보일러 지원금

1) 친환경 콘덴싱 보일러 설치 사업 : 일반 보일러를 친환경 콘덴싱 보일러로 교체 설치할 때 보조금 지원

2) 금액 지원 : 20만 원(정부에서 12만 원, 지자체에서 8만 원)

3) 지원 목적 : 가정용 보일러로 발생하는 미세먼지 절감

4) 친환경 콘덴싱 보일러 기준 : 열효율 92% 이상, 질소산화물 배출량 20ppm 이하, 일산화탄소 CO 100ppm 이하인 환경 표지 인증 기준을 충족한 제품

5) 기간 : 지자체별 사업 배정 수량 소진 시까지

6) 문의처 : 담당 시, 군, 구 환경 관련 부서

프로 상품권 활용러

큰마음 먹고 난방 테이블 '코타츠'를 산 적이 있다. 평소 눈여겨보던 월동 장비인데, 생각보다 가격이 비싸서 망설이다가 쌀쌀한 바람이 불자 저질렀다.

한 철만 사용할 테니 보관을 쉽게 하고자 접이식을 찾았다. 우선 평소 애용하는 중고장터를 검색했다. 확실히 새 제품보다는 저렴했지만, 접이식은 신제품에만 적용된 탓에 하는 수 없이 새 제품을 사기로 했다.

인터넷 검색을 해보니 가격은 천차만별. 다나와, 네이버쇼핑 두 가지 검색 사이트를 활용했는데, 최저가로 검색했지만, 가격이 부담스러웠다. 체크카드 할인 혜택 등을 활용해도 가격조정은 미미했다.

이럴 땐 비장의 무기를 등장시킨다. 상품권을 싸게 사서 정가의 상품을 최대한 할인받아 구매하는 재테크 방식, 이른바 상품권 테크다.

보통 온라인 가격 비교 사이트에 나타나는 최저가를 해당 상품의 마지노선으로 아는데, 상품권을 할인받아 산 뒤 이를 활용하면 그 최저가를 더 낮출 수 있다.

우선 인터넷에서 문화상품권을 10% 할인된 값으로 샀다. 그다음 문화상품권 홈페이지에 들어가서 컬쳐캐시로 포인트를 충전했다. 전환된 컬쳐캐시 포인트는 온라인쇼핑몰인 옥션, 지마켓, G9에서 활용할 수 있다. 충전된 컬쳐캐시를 스마일캐시로 전환한 후 옥션에서 최저가에 9,000원을 더 할인한 가격으로 마침내 코타츠를 산 것이다.

관리비 납부도 상품권을 이용한다. 온라인사이트에서 10만 원짜리 상품권을 9만7,000원대에 구매한 뒤 이를 쓱페이로 바꿔 낸다. 신용카드 혜택을 보기 어려우니 이런 결제 방식 하나만 바꿔도 참 많은 도움이 된다.

세금 낼 때도 마찬가지다. 신용카드가 포인트 활용 등 여러 혜택을 주지만, 대부분 상품권을 활용한 납부 방식보다는 못하다. 웬만한 체크카드 할인 혜택보다 쏠쏠하다.

상품권을 저렴하게 사는 팁이 있다.

첫째, 중고장터에서 산다. 되도록 택배보다는 직거래가 안전하고 빠르므로 당근마켓 등 지역 장터를 활용한다.

둘째, 구두 수선집이다. 길을 가다 보면 상품권 매입, 판매라고 써 붙인 표찰을 볼 때가 있다. 이곳에서 시세보다 훨씬 저렴하게 상품권을 살 수 있다.

상품권을 저렴하게 살 수 있는 사이트로는 상품권 뱅크(www.gcbank.co.kr)가 있다.

다소 번거롭고 귀찮은 과정은 반드시 보상을 한다. 상품권 결제 방식도 그중 하나다.

음식점 체험단

블로그 맛집 체험단을 경험했다. 체험단 이벤트에 응모했는데, 무려 세 군데 모두 당첨된 것.

맛집 체험단은 처음이어서 가게 초입부터 어찌나 긴장했는지 모른다. 들어가자마자 가게 주인이 친절하게 맞아주고 자리까지 세팅해줘 3만5,000원에 해당하는 벌집 삼겹살을 황송하게 대접받았다. 외식비로는 절대 적은 돈이 아니다.

며칠 전부터 고기 노래를 부르던 신랑이었다. 다이어트를 하지 않았더라면, 아마 계란찜과 누룽지탕을 바닥이 다 보이도록 긁어먹었을 테다.

음식점 체험단 당첨이 뭐 그리 호락호락한 줄 아느냐고 많이들 의심한다. 물론 당첨 잘 되는 노하우는 따로 있다.

먼저 자신의 블로그를 키워놓아야 한다. 포스팅은 일주일에 3개 이상 꾸준히 하면서 일일 방문자 수가 하루에 100~200명 이상 되도록 성의 있게 관리해야 한다. 양질의 콘텐츠를 꾸준히 업데이트할 때 나를 팔로우하는 이웃 숫자는 자연히 증가하게 돼 있다.

맛집 체험단에 지원한다면 비교적 사람이 몰리지 않는 곳에 지원하는 게 당첨될 확률이 높다. 경쟁률이 높은 체험단은 당첨될 가능성이 크지 않다. 경쟁률 현황은 댓글 혹은 사이트에서 제공하는 지원 현황으로 대략 파악할 수 있다.

응모 대비 당첨 확률이 높은 체험단 사이트는 '쉬즈 블로그'다. 초보자들이 지원하기 간편하고(신청화면에 댓글만 달면 됨), 어느 정도 성장한 블로그라면 거의 당첨된다. 체험한 음식과 식당에 대해 성심성의껏 포스팅하는 건 기본이다.

우리는 맛집 체험단에 한 번 당첨되고 난 뒤로 지원하기만 하면 계속 당첨돼 시간과 체력이 달려 고사한 적도 여러 번 있다.

음식점 체험단에 응모할 때 가끔 '내가 이런 것까지 해야 하나?' 하는 감정이 들 때가 있다. 기회비용 때문이다. 블로그 포스팅을 하려면 사진을 예쁘게 여러 컷 찍어야 하고, 글 쓰는 데도 에너지와 시간이 투입된다.

이런 부정적인 감정을 자연스럽게 없애는 방법이 있다. 투입하는 시간 대비 음식값이 얼마인지 환산해보는 것이다. 한번은 2인 식사가격이 10만 원을 훌쩍 넘는 고급 차이나 레스토랑에 당첨된 적이 있었다. 한 시간 가까이 품격 높은 식사와 서비스를 대접받고 여기에 행복감을 만끽한 덕분에 한 시간 가까운 블로그 포스팅이 전혀 아깝지 않았다.

블로그 체험단

1	쉬즈 블로그 1	blog.naver.com/blognara_
2	쉬즈 블로그 2	blog.naver.com/sizblog2
3	쉬즈 블로그 3	blog.naver.com/sizblog3
4	쉬즈 블로그 4	blog.naver.com/sizblog4
5	쉬즈 블로그 5	blog.naver.com/sizblog5
6	쉬즈 블로그 6	blog.naver.com/sizblog6
7	드루와 체험단	blog.naver.com/moa_2018
8	파블로 체험단	http://www.powerblogs.kr
9	레뷰 체험단	www.revu.net
10	디너의 여왕	dinnerqueen.net
11	서울오빠	www.seoulouba.co.kr

대형마트 VS 편의점

"이것도 사자!"

"그럴까? 저렴하네! 무조건 사야지~ 이건 기회야!"

우리 부부는 대형마트에 가면 고삐 풀린 망아지가 됐다. 지출
이 통제되지 않던 시절, 쇼핑 카트는 늘 먹거리와 인테리어 소품
으로 꽉꽉 찼다. 금지구역과도 같던 대형마트의 결계가 풀어진
건 영혼이 있는 가계부를 쓰면서 장보기 메모 습관을 들이고서
부터다.

6개월 2천만 원 모으기를 실천하면서 대형마트와 편의점은
이른바 득템의 장으로 활용한다.

먼저 대형마트. 대형마트 매장의 마감 1시간 전 풍경은 황홀하기까지 하다. 할인된 가격에 더 할인이 보태진다. 주로 유통기한이 길지 않은 빵, 롤 김밥, 초밥, 고기, 생선, 과일 등이 정가에서 30% 많게는 50% 가까이 에누리 된다. 이때를 일부러 공략하는 사람들도 있다. 빵은 당일 생산, 당일 판매가 많아 할인 폭이 제일 크다.

마트의 황금 존이 있다면 뭐니 뭐니 해도 알뜰코너다. 유통기한이나 유효기간이 임박한 채소, 과일 등을 정말 싸게 살 수 있다. 보통 유통기한 3일 안팎의 상품을 정가의 30~50% 정도에 판다. 마트에 들어가면 장보기 메모지에 적힌 물품이 알뜰코너에 있는지 먼저 들른 뒤 다음 진열대로 향한다. 잘 보이지 않는 구석 모퉁이에 자리 잡았을 확률이 높으니 잘 찾아봐야 한다.

우리는 주로 우유, 요플레, 치즈 등 유제품, 즉석 떡볶이, 김치 등을 산다. 어차피 냉장고에 소량만 채워 넣어 며칠 안에 소진하니 알뜰 상품이 안성맞춤이다.

대형마트 PB상품은 놓치지 말자. 자가상표, 자체기획상표, 유통업자 브랜드라고도 불리는 이 제품군은 가격에서 시중 브랜드보다 낮게는 10%에서 높게는 30%까지 싸다.

최근 유통업체 간 경쟁이 치열해지면서 제조업체 브랜드 못지않은 품질을 앞세우고 잡화부터 식재료까지 품목도 다양해진 반면 가격은 합리적이어서 굳이 제조업체 브랜드를 고집할 이유가 사라졌다. 우리는 곽 티슈, 화장지, 라면, 물티슈, 김, 섬유유연제, 액체 세제 등을 주로 구매한다. PB상품의 대표 브랜드로는 홈플러스, 이마트, 그리고 신세계 계열의 노브랜드를 들 수 있다.

장을 보러 가기 전에는 배를 가득 채우는 편이 유리하다. 배가 고프면 식품 진열대의 유혹에 쉽게 빠진다.

"오빠, 이걸 다 3,480원에 샀다! 대박이지?" 신이 나서 신랑에게 상기된 목소리로 자랑을 했다. ○○편의점에서 15종 상품에 50% 할인 이벤트를 한다는 이야기를 듣고, 헐레벌떡 다녀온 보람이 있다. 요새 건강을 위해 한창 김을 챙겨 먹고 있는데, 도시락 김 16봉, 짜장라면 2개, 물티슈 캡형 1개를 모두 합쳐 단돈 3,480원에 산 것이다.

편의점은 대형마트와는 달리 일명 '혜자 상품'이 특징이다. 편의점의 '덤 주기' 그러니까 1+1, 2+1 판매는 우리나라 편의점에서만 볼 수 있는 특별한 마케팅이라고 한다. 주로 생수, 음료수, 맥주, 과자 등에서 많이 보인다. 장보기 때 이 세 가지 품목이 주력이라면 편의점이 유리할 수 있다.

편의점 커피는 1+1이나 2+1 방식으로 열과 성을 다해 파는 품목 중 하나다. 편의점 쪽에서는 홍보 효과를 보고 구매자로서는 양질의 커피를 다른 할인마트보다 50% 가까이 저렴하게 살 수 있다.

맥주도 마찬가지. 요즘 대다수 편의점에서 경쟁적으로 맥주 할인, 덤 주기를 카드 할인과 겸해서 진행한다. 과자는 2+1이 많아, 1,000원도 안 되는 가격으로 하나를 구매할 수 있다.

덤으로 주는 품목을 한 번에 못 들고 갈 때는 편의점에서 제공하는 앱에 이모티콘으로 보관하면 된다. 편의점에 내 창고가 생기는 셈인데, GS 편의점에서는 '나만의 냉장고'라는 앱으로 상품을 보관한 뒤 수시로 꺼낼 수 있다.

계산대 앞줄도 놓치지 말 것. 종종 덤 주기와 할인을 겸한 이벤트가 나온다. 유통기한이 임박한 계란이나 과일은 할인마트보다도 훨씬 쌀 때가 있다.

덤 주기나 할인 품목 위주로 편의점을 공략할 땐 편의점에 따라 적용되는 통신사 할인(10% 할인), 해당 체크카드나 앱 카드 결제 방식으로 할인 폭을 더 키울 수 있다.

소비자가 자주 찾는 간식 등은 덤 주기나 할인으로 접근성을 높이고, 주력이 아닌 생필품으로 매출을 늘리는 편의점 전략을 십분 활용하면 매달 몇만 원에 버금가는 생활비를 벌게 된다.

3

합치고
재테크 뭐 별거 있니?

20,000,000

통장 결혼식

프로젝트를 같이 하는 동료들 앞에서 통장 관리와 현금 흐름 등을 발표하는 자리였다.

"우리 부부는 월급을 받으면 한 개의 통장에 합치고 있어요!"

"네! 신랑이 그걸 이해해줘요? 저희 부부는 그런 대화는 금기시하는데. 정말 대단하네요. 그런데 통장을 굳이 합쳐야 할까요?"

결론부터 말하면, 부부 통장은 합치는 게 중요하다. 통장 쪼개기 이전에 통장 결혼식을 올려줘야 한다.

부부가 통장을 합치지 않으면 대개 목돈 마련은 지연된다. 각자 알아서 잘 모으겠거니 생각하다가 나중에 뚜껑을 열어보면 반대일 때가 대단히 많다.

고백하자면, 결혼하면 부부간 통장은 으레 합치는 줄 알았다. 가계 관리를 그렇게 하는 선배가 자연스러워 보였던 점도 영향을 줬던 것 같다. 신랑에게 말을 꺼낸 뒤 조금 더 꼼꼼한 내가 수입, 지출을 관리하기로 한 것뿐이다.

통장을 합쳤다면 반드시 각자 용돈 통장은 만들라고 귀띔해주고 싶다. 우리 부부는 매월 1일, 각자 용돈 통장에 정해진 돈을 넣는다. 유일한 욕구 해소 창구이니 용돈의 사용처는 일절 간여하지 않는다. 지출처에 관심을 기울이면 꼬치꼬치 캐묻게 돼 더는 용돈으로서 가치를 잃는다.

부부 용돈 통장을 쓰면서 신랑 지출 구멍이 어느 정도 통제되는 걸 목격하고는 효과를 직시했다.

신랑의 지출 구멍은 크게 3가지. 택시비, 식비, 그리고 컴퓨터 소품비다. 짠돌이인 줄 알았던 신랑은 이 3가지에는 무척이나 관대했다. 결혼 초, 이 비용은 공동 생활비에서 나가고 있었다. 특히 택시비가 아까웠다. 택시를 특별한 때에만 쓰는 교통수단으로 여기던 나와는 완벽히 달랐다. 남편은 몸 상태가 좋지 않으면 택시를 이용해서 이를 회복하는 게 중요했다.

월별 용돈 한도가 해결사였다. 정해진 용돈 탓에 택시를 타면 그만큼 다른 비용을 아껴 써야 하니, 택시 이용 빈도수는 줄어들 수밖에. 택시를 타고 난 뒤 몇 달 혹독한 대가를 겪고 나서는 크나큰 발전이 뒤따랐다. 신랑도 나름대로 택시 타는 데 은근 스트레스가 있었는데, 신경을 쓰지 않아도 되니 세상 편해진 것이다.

부부 통장을 합치면서 필수 지출 항목은 공동 생활비 통장에서 나가도록 했다. 예를 들면, 부부 공동 식비, 가계에서 쓰는 잡화, 소모품비 같은 것들이다. 보통 통장 하나에 체크카드 1장을 발급받지만, 우리는 2장을 받아 각각 나눠 갖고는 필요할 때마다 쓴다. 생활비 지출이 한 통장에서 이뤄지면 일일 가계부 작성뿐만 아니라 매달 생활비 통제가 쉬워진다.

통장 결혼식에서 뜻밖으로 중요했던 건 반려자와의 공유였다. 처음에는 엑셀로 작성한 월간 가계부, 자금 흐름표를 출력해 보여줬지만, 보는 둥 마는 둥 관심이 없어서 점점 가계부를 공유하는 의미가 퇴색해지고 있었다.

묘책을 찾은 끝에 부부 비공개 카페를 만들어 비공개로 가계부를 올려두었다. 희한하게도 남편은 그제야 가계부를 보기 시작했다.

대체로라도 가계 현금흐름을 알고 부부가 대화하는 건 아무리 강조해도 지나치지 않는다. 우리야 손쉽게 아내인 내가 관리를 주도할 수 있었지만, 보통은 생활방식이나 가치관처럼 서로 돈을 소비하고 저축하는 기준이 다르다 보니 이 괴리를 메꾸는 데 많은 소통이 필요하다.

재정 상황을 공유하고 앞으로 우리 가정 경제의 청사진을 함께 그려나갈 수 있다는 데서 부부간 신뢰도 더욱더 두터워진 느낌이다.

1. 카셰어링, 쏘카(www.socar.kr) : 차량 공유 서비스로 서울 · 경기 · 인천 · 부산 일부 지역에서 운영.

2. 서울 자전거 따릉이(www.bikeseoul.com) ☎ 1599-0120

   기본 대여 시간은 1시간 권(60분) 1,000원, 2시간 권(120분) 2,000원. 초과 시 5분마다 추가 요금(200원) 과금

3. 경기도 일산 피프틴(www.fifteenlife.com) ☎ 031) 903-1505

   자전거 대여, 일일 회원 2천 원. 정회원 1년 6만 원. 6개월 4만 원.

4. 인천 연수구, 분당 판교 : 카카오 모빌리티. 공유 전기 자전거 서비스. 카카오T 바이크

   자전거 대여료는 카카오T 앱에서 카드 등록 후 바로 결제 후 사용. 기본요금은 15분에 1,130원(보험금 130원 포함)이며 5분마다 올리는 구조. 첫 사용 시 보증금 1만 원 예치 필요.

5. 대전 자전거 타슈(www.tashu.or.kr) ☎ 042) 1899-2282

   - 1일권(1일) / 1시간 500원 - 초과 30분당 500원 과금(3시간까지. 그 이후는 1,000원), 키오스크 현장 결제(휴대폰 소액 결제 이용)

   - 7일권(7일) / 2,000원 (회원가입 시 결제)

   - 1개월 권(30일) / 5,000원 (회원가입 시 결제)

   - 12개월 권(365일) / 30,000원 (회원가입 시 결제)

6. 창원 자전거 누비자(www.nubija.com) ☎ 1577-2114

   – 90분 1,000원 : 초과 30분당 1,000원 과금 (회원은 초과요금 500원)

7. 세종 자전거 어울링(www.sejongbike.kr) ☎ 1899-9161

   – 90분 1,000원 : 초과 30분당 500원 과금

8. 안산 자전거 페달로(www.pedalro.kr/index.do) ☎ 1544-6339

   – 2시간 1,000원 : 초과 30분당 1,000원 과금

9. 광주시 지하철 대여 자전거(www.gov.kr/portal/service/serviceInfo/
   B55123200020) 062) 604-8167

   무료대여 자전거 대여역사를 방문해 접수

   – 대여 : 06:00~20:00(23시까지 반납)

   – 대여 장소, 수량 : 15개 역 총 170대

   – 미 대여 장소(역) : 5개 역(녹동, 문화전당, 금남로4가, 양동시장, 돌고개역)

10. 부산시 대여 자전거(www.busan.go.kr/traffic/ahbicycle04)

11. 순천시 공공 자전거(bike.suncheon.go.kr/index.do) ☎ 061) 749-4880

    연회원: 20,000원 / 월 회원: 3,000원 / 주 회원: 2,000원

    1일 이용권(1일): 1,000원

    ※ 연속 3시간 이상 사용 불가하며 터미널에 반납 후 재사용 가능

12. 울산시 공공 자전거(www.ulsan.go.kr/traffic/fbtmstat2)

13. 시흥시 공공 자전거(bike.siheung.go.kr/siheung) ☎ 031) 310-2114

6개월에 2천만 원씩 꼬박꼬박 쌓이는 월급 재테크

14. 공주시 공공 자전거(bike.gongju.go.kr) ☎ 041) 840-8504

    – 운영시간 : 07:00~22:00(대여 가능 시간은 20:00까지), 365일 이용 가능

    – 대여 시간 : 1회 2시간 이내(대여 횟수 제한 없음)

    – 이용금액 : 무료

15. 여수시 공공 자전거(bike.yeosu.go.kr) ☎ 061) 659-5747

16. 양산시 공공 자전거(ubike.yangsan.go.kr) ☎ 055) 392-2114

17. 제주시 공공 자전거(www.jejusi.go.kr/field/traffic/bike/stationStatusMap.do)

적금을 중간에
자꾸 깬다면?

'중도에 해지하시겠습니까?' 네, 아니오 탭에서 연신 망설인 끝에 '네'를 클릭하고 말았다. 가입이라면 일등이 서러울 정도로 신나게 적금에 가입하곤 했다. 고이율 적금이라며 열심히 알아보고 가입하고서는 결국 이자에 엄청난 손해를 보면서 중도해지를 해버리는 일이 다반사였다.

불과 몇 년 전만 해도 적금 만기를 꽉 채우는 일이 어찌나 힘들던지, 통장만 만들면 중간에 꼭 돈 쓸 일이 생기고는 했다. 예·적금을 중도해지하면 원금 손해는 없지만, 예금 이자 손실은 꽤 크다. 최근에는 은행사별로 중도해지 이율이 좀 더 후해진 것 같지만, 만기 시 받는 이자와 비교하면 역시 손해는 막심하다.

적금이나 예금은 만기까지 끌고 가는 일이 제일 원칙인 법. 고민 끝에 나온 아이디어가 '풍차 적금'이다. 이 방식은 1년 단위가 열쇠다. 이자를 더 준다고 절대 2년, 3년 이상인 상품에 가입하지 않는다. 적립금은 부담되지 않는 1~5만 원 정도로 출발한다.

풍차 날개처럼 한 달에 한 개씩 적금통장을 개설한다. 그러면 1년이 지난 시점부터 매달 만기가 발생하므로 달마다 목표 달성의 기쁨을 누리게 된다.

풍차 통장에는 가령 결혼기념일 적금처럼, 신규 가입 때마다 목적별로 이름을 지어주었다. 그럼 만기 때 흐지부지하게 돈을 쓰지 않고, 특정한 어딘가에 쓰게 된다.

풍차 적금으로 적금 유지 습관을 1년만 기르고 나면 어느 정도 인내심과 면역이 생겨서 어떤 적금이라도 중도해지 충동을 억누를 수 있게 된다.

풍차 적금은 1년 동안 12개의 적금통장을 만드는 일이라 개설, 해지, 재예치 작업이 번거로워지고 관리가 어려워질 수 있다. 적금통장 유지 능력이 배양됐다면 한 단계 업그레이드된 적금 방식을 고려해볼 때가 온 것이다.

캘린더 저축이 그중 하나다. 귀여운 이모티콘으로 돈 불리는 재미를 주는 카카오뱅크의 26주 적금, 문자로도 매일 적금을 부을 수 있는 하나은행의 오늘은 얼마니 적금, 그리고 신한은행·우리은행의 캘린더 적금 상품들은 매일매일 저축에 경각심을 일깨워준다.

나는 카카오뱅크 26주 적금에 푹 빠져 있다. 매주 1천 원씩 증액하는 상품이다. 얼마 전까지는 하나은행 '오늘은 얼마니 적금'을 즐겨 했다. 일정 시간에 "오늘은 얼마니?"라고 문자가 오면 금액으로 답변해주면 된다. 답신 그 자체로 신이 난다. 몇 달 지나니 200만 원 가까이 된 금액에 깜짝 놀랐던 기억이 있다.

돼지 저금통도 좋지만, 온라인이나 앱 통장으로 매일 이자를 발생시키는 것도 자산 재분배 효과가 있다. 이런 캘린더 저축은 주로 생활비 자투리 금액으로 설정하면 덜 부담되는데, 한편으로 생활비를 좀 더 빡빡하게 조여가는 효과도 준다.

적금을 구닥다리 재테크라고 생각한다면 큰 오산이다. 티끌의 소중함이랄까, 잔돈과 푼돈이 모여 큰돈이 되는 경험은 적금만의 미덕이다. 몇 번 하다 보면 이런 적금 상품에 저절로 눈길이 가고 제법 목돈이 모인다. 재테크에도 단계가 있다. 적금으로 쌓인 돈은 투자로 가는 종잣돈(씨드머니)이 된다.

저금리 시대에 절세와 특판 상품이 이렇게 많아?

미국 중앙은행인 연방준비제도(연준, Fed)가 30년 넘게 유지해온 통화정책 기조를 뒤집었다. 실업률이 낮아지면 인플레이션(물가상승)이 발생할 위험이 커지므로 미리 금리를 올리던 관행과 결별하고, 오히려 디플레이션(물가 하락)을 적극 방어하는 장기 저금리 정책으로 급선회한 것이다. 1970년대부터 연준은 '물가안정'을 지상과제로, 인플레이션이 전망되면 금리를 높여 물가상승을 억눌러왔다. 연준은 2020년 9월 16일(현지 시각) 기준금리를 현 0.00~0.25%에서 동결하면서, 2023년까지 현행 '제로 금리' 유지를 시사했다.

_연합마이더스, 연준 "물가 안 잡는다." 통화 정책 대폭 수정, 2020년 10월호

연준이 물가상승보다 실업률에만 신경을 쓰겠다고 발표했다. 물가가 오르더라도 시중에 유동자금을 충분히 유지해 현재 기준금리를 2023년까지 동결하겠다고 선언한 것이다. 이러면 우리나라도 미국의 영향을 받아, 저금리 기조가 유지될 가능성이 크다.

이런 초저금리 시대에 대안은 적금보다는 투자가 될 것이다. 다만, 앞에서 말했던 것처럼 돈을 모으는 데는 단계가 있다. 최초 종잣돈을 모으는 계단을 오르며 자신에게 맞는 재테크를 찾는 과정(투자법)이 필요하다.

종잣돈 마련에는 이런 낮은 금리 상황에서도 예외는 없다. 눈덩이를 만들면서 내게 걸맞은 투자 방법을 공부해야 한다. 그 이후 조금 더 불어난 종잣돈으로 내게 걸맞은 투자 방식으로 돈을 불린다.

먼저 '세(稅)테크'다. 1금융권 은행들은 국민은행, 기업은행, 신한은행, 하나은행, 우리은행 등 주위에서 흔히 접하는 금융기관을 말한다. 여기에서 판매하는 상품에는 보통 성인남녀가 받을 세제 혜택이 거의 없다. 실제 받는 이자에서 15.4%의 세금을 떼간다.

1,000만 원을 2% 금리로 1년 동안 예치한다고 가정하면 실제 이자는 20만 원이지만, 1금융권 15.4%의 세금을 적용할 때 169,200원이 세후 실제 이자다. 그런데 2금융권에서는 농특세 1.4%만 떼 세후 이자가 197,200원으로 1금융권과 28,000원 차이가 난다.

이자 계산기

적금 　**예금**　 대출　 중도상환수수료

예치금액 ┌──────────────────────┐
　　　　　 　　　　　 10,000,000 원
　　　　　 └──────────────────────┘
　　　　　 　　　　　　　　　 1,000만원

예금기간 　[년]　[개월]　　　　　1 년　　　연이자율 　[단리]　[복리]　　　2 %

이자과세 　[**일반과세**]　[비과세]　[세금우대]

원금합계　　　　　　　　　　 10,000,000 원
세전이자　　　　　　　　　　　　 200,000 원
이자과세 (15.4%)　　　　　　 - 30,800 원
세후 수령액　　　　　　　　 10,169,200 원

🔄 초기화

ⓘ 월단위로 계산된 이자이기 때문에 일단위로 계산되는 금융기관의 적금이자와는 차이가 있습니다.

1금융권, 3금융권 : 1,000만 원, 연 2% 적용 시 실제이자

2금융권 농특세는 확실한 절세 효과가 될 수 있다. 2금융권이라 하면 새마을금고, 신협, 단위농협, 산림협동조합, 단위수협

등을 말한다. 2금융권 농특세 1.4%를 적용받는 금액은 1인당 3,000만 원까지다(2020년까지 농특세 1.4% 적용 안이 지속할지 연말에 확인할 것. 만약 이 세금 적용이 소멸한다면, 5.4%로 바뀐다고 한다. 점차 농특세 혜택을 줄여 최종안은 9.5% 적용이다).

이자 계산기

| 적금 | **예금** | 대출 | 중도상환수수료 |

예치금액 **10,000,000** 원
1,000만원

예금기간　년　개월　　1년　연이자율　단리　월복리　　2 %

이자과세　일반과세　비과세　세금우대　우대세율　1.4%

원금합계	10,000,000 원
세전이자	200,000 원
이자과세(1.4%)	-2,800 원
세 후 수 령 액	10,197,200 원

↻ 초기화

ⓘ 월단위로 계산된 이자이기 때문에 일단위로 계산되는 금융기관의 적금이자와는 차이가 있습니다.

2금융권 : 1,000만 원, 연 2%, 농특세 1.4% 적용 실제이자

저축은행 사태를 기억할 것이다. 금리가 높다고 많은 사람이 큰 금액을 예치했다가 파산으로 하루아침에 돈을 날린 비극. 은

행별로 1인당 5,000만 원까지는 예금자 보호가 되므로 5,000만 원을 넘기지 않는 선에서 예치하도록 하자. 은행도 혹여 모를 파산을 대비하는 편이 옳다.

현재도 3금융권인 저축은행이나 증권사가 발행하는 어음 상품들이 고금리인 경우가 있다. 3금융권인 저축은행 등은 5천만 원까지는 예금자 보호를 해주지만, 증권사 발행어음 상품은 별도 예금자 보호를 해주지 않아 특별히 주의해야 한다.

증권사가 발행하는 어음은 국가에서 엄선해 선정하므로 부실 가능성이 작다고 봐도 좋지만, 너무 큰 금액은 곤란하다. 증권사 발행어음 상품은 연 5%의 고금리 특판 상품도 많으니 판매 기간을 눈여겨보자.

단체 카톡방에 카톡이 울려댔다. 일본으로 재테크 유튜브 영상을 찍으러 간 성선화 기자님이 사진 몇 장을 단체 카톡으로 보낸 것. 일본어로 잔뜩 쓰인 전단이었는데, 일본 은행의 예·적금 금리가 안내돼 있었다.

"일본 은행은 마이너스 금리네요." 성선화 기자님 이야기를 듣고 우리 프로젝트원들은 믿기지 않는다는 표정을 지었다. 한편으로 이렇게도 생각이 확장됐다. '헉, 마이너스 금리라니! 이거 왠지 남 일이 아니겠는걸!'

앞으로 우리나라도 일본처럼 마이너스 금리가 올 날이 머지 않으리라 예측하는 경제학자가 많다. 일본은 은행에 예·적금을 맡길 때 이자를 받는 게 아니라 보관료를 낸다고 한다. 우리나라가 일본의 10년 전 경제 시스템을 따라가는 경우가 많다고 하니 마이너스 이자가 익숙해질 날이 올 수도 있겠다.

종잣돈을 모으기 전까지 절약, 예금, 적금은 필수라고 생각한다. 종잣돈을 모으려면 위에 나열한 절세, 특판 상품을 잘 선별해 가입하자. 투자는 자본을 투입하면 손실이 날 때 빨리 빼지 못한다는 단점이 있음을 기억해야 한다.

 **알짜 TIP**

1. 발행어음

증권사가 자금을 조달하기 위해 개인이나 법인을 대상으로 발행하는 어음.
만기 1년 이내의 단기 상품으로 정기예금이나 적금처럼 상품 가입 가능
- 은행 예ㆍ적금과 달리 예금자 보호 대상 아니고, 원금 손실 가능성이 전혀 없
  다고 말할 수 없다. 다만, 어음을 발행한 증권사가 문을 닫지 않는 한 그 가능
  성은 매우 희박. 현재 발행어음은 자기자본이 4조 원 이상인 초대형 투자은
  행(IB)만 판매할 수 있다.
- 한국투자증권, NH투자증권, KB증권 가입 가능
- 연 2.5~2.8%(1년, 세전)
- 특판 행사 : 5% 고금리 상품 판매
- 투자 기간이 짧아 잠깐 돈을 맡기는 용도로 적당
- 증권사를 방문하지 않고도 앱에서 바로 가입 가능

2. 특판 예금, 적금 정보 알 수 있는 카페

1) 짠돌이 카페(cafe.naver.com/engmstudy)

2) 월급쟁이 재테크 연구카페(cafe.naver.com/onepieceholicplus)

3) 금융투자 재테크 성공기법(cafe.naver.com/havedream1)

3. 금리 정보 사이트

1) 금리 비교 사이트(1금융권) (portal.kfb.or.kr/compare/receiving_deposit.php)

2) 금리 비교 사이트(저축은행 외)

① 모네타(http://finance.moneta.co.kr/saving/bestIntCat01List.jsp)

② 금융감독원(금융상품 한눈에) (http://finlife.fss.or.kr/deposit/selectDeposit.
do?menuId=2000100)

작은 숨구멍, 부수입

한 달에 저축과 소비해야 할 금액이 정해져 있지만, 우리는 감정이 거세된 로봇이 아니기에 이 제한된 돈에 빡빡함을 느끼는 게 당연했다. 숨 쉴 구멍이 없을까 궁리한 끝에 찾은 묘책이 부수입이다. 부수입은 기분을 전환해주는 일등공신이었다.

첫째는 안 쓰는 살림 내다 팔기다. 주로 당근마켓이라는 중고 장터를 이용했다. 당근마켓은 가까운 동네 사람들과 거래하는 플랫폼(애플리케이션)이다.

앱에 개설한 마이 페이지에 안 쓰는 살림들을 촬영해 적절한 가격에 올리면 물건을 사려는 사람이 '당근' 하면서 채팅 창으로 말을 걸어온다. '이런 것을 과연 살까?' 하는 의구심에 올린 물건들도 다른 누구에게는 귀하게 대접받는다는 걸 중고장터에서 경험한다. 최근에는 어디서 생겼는지 모를 새 리모컨을 1천원에 팔았는데, 대단히 신기했다.

당근에서는 고가에 올리면 잘 나가지 않는 단점이 있지만, 거래 성사가 정말 잘되는 편이다. 당근에서 모인 푼돈이 몇만 원이 되고, 어느새 십만 원 단위로 커진다. 며칠 전에도 이달 책정된 생활비가 부족해 당근에 안 쓰는 살림들을 여러 개 올려놨다.

둘째, 아르바이트다. 성선화 기자님 소개로 오디오북 녹음, 공중파 방송 출연을 통해 소정의 부수입을 창출했다. 큰돈은 아니어도 자기계발도 겸한 생산적 경험이 됐다.

셋째, SNS 수입이다. 주로 네이버 애드포스트로 수입을 창출한다. 네이버 애드포스트란, 블로그나 포스팅에 쓴 글에 광고 배너나 링크를 달고, 방문자가 이 배너나 링크를 클릭하면 블로그 주인에게 돈을 주는 광고 수익 구조다.

다만, 네이버 애드포스트는 블로그를 운영한다고 해서 무조건 달리지 않는다. 네이버 애드포스트를 신청하면 네이버 블로그 담당자가 해당 블로그를 심사해 여부를 결정한다. 기준이 명확히 나와 있지 않아 심사에서 떨어지기 일쑤다.

나도 탈락의 고배를 여러 번 마시고 나서야 애드포스트를 달 수 있었다. 경험컨대, 블로그 하루 방문자가 한 달 동안 일정 수는 되어야 하고(최소 100명 이상?) 블로그 포스팅 발행 건수가 한 달 동안 꾸준히 이뤄져야 한다. 나는 네이버 애드포스트를 달려고 한 달간 주 5일을 포스팅했던 게 도움이 됐던 것 같다. 한 달에 몇만 원 정도로 아직 네이버 에드포스트 수입이 미미하지만, 식비 충당에는 효자 노릇을 톡톡히 해준다.

넷째, 투자 수입이다. 굉장히 큰 관심을 두고 적극적으로 공부하는 이슈가 '미국 주식'이다. 우리 가계에 월세처럼 꼬박꼬박 돈이 들어오는 파이프라인을 만들고 싶다는 각오로 시작한 공부는 재미와 매력을 더해 어느새 경제 공부의 주력이 돼 있다.

미국 주식은 장기투자로 접근한다. 배당 주식은 월별 혹은 분기별로 배당하는데, 배당 나오는 달을 잘 배분하면 매달 배당액이 나올 구조를 짤 수 있다. 투자금액을 크게 잡지 않아 배당액은 작지만, 내공이 더 쌓이면 미국배당주 투자액을 더 늘릴 예정이다.

짠 수건 또 짤 땐 자그마한 숨구멍(?) 하나 정도는 만들어 두는 요령도 필요하다.

경제 기사 이렇게 읽으면 연예 기사만큼 재미있다

'뉴스에서 뭐라고 떠드는 거지? 뭐라고 하는지 하나도 못 알아듣겠어. 경제 기사는 더 읽기 싫은걸. 어차피 읽어도 무슨 말인지 이해도 안 될 텐데… 그냥 연예 기사나 읽어야겠다. 오, 이 연예인 둘이 사귄다고? 대박인데 히힛, 이 연예인이 예전에 누구 사귀지 않았었나? 파헤쳐 봐야겠다.'

출·퇴근길 일상이었다. 연예인 가십거리는 피곤한 통근길에서 나름대로 삶의 윤활유가 됐다.

육천플을 시작하고 나서였을까. 나는 경제 기사에서 일종의 희열을 느끼기 시작했다. 황색 저널리즘에서 얻는 유희보다 생산적인 활동으로부터 벅찬 기쁨을 느끼며 경제 기사는 인생을

쌩쌩 돌아가게 해주었다. 경제적 화두가 제시되면 심층적으로 파헤치며 그 어떤 연예 기사보다도 흥미롭고 재밌게 보게 됐다. 서른 넘어 찾아온 색다른 설렘이었다.

경제 기사는 어떻게 하면 좀 더 재미있고 효율적으로 읽을 수 있을까?

스마트폰, 모바일로 보면 대충 보게 된다고 알려졌다. 많은 내용을 빠트릴 게 뻔하다. 많은 재테크 초보자가 모바일이냐 종이 신문 읽기냐로 갑론을박하곤 하는데, 나는 편한 방식이어야 하고, 매일 읽어야 한다고 생각한다.

기사 보기 플랫폼의 장단점은 분명하다. 먼저 종이 신문은 기사를 편식하지 않고 분별해 읽을 수 있기에 제일 좋긴 하다. 사건 흐름을 주체적으로 판단할 수 있다. 그러나 유료로 구독해야 할 뿐만 아니라 장소나 시간에 구애받는다.

컴퓨터로 읽는 경제 기사는 주로 심도 있게 볼 때 자주 이용한다. 일하다가도 잠깐 짬을 내어 볼 수 있으며, 분석적인 글을 볼 때 눈의 피로도가 상대적으로 덜하다. 다만, 기사를 편식할 가능성이 크고, 매체의 편집 방향에 따라 기사가 편향될 수 있다.

모바일 경제 기사는 자주 이용할 수밖에 없는 플랫폼으로 출퇴근 때 지하철 등 대중교통 안에서 그날 이슈를 빠르게 훑어볼 수 있다. 중요한 기사는 다른 사람들과 공유돼 유용하다. 하지만 모바일로 읽다 보니 눈의 피로도가 상당히 높고, 분석 기사에 집중하기란 쉽지 않다. 컴퓨터와 마찬가지로 매체 성향에 따라 기사가 편향될 수 있다.

여유 시간의 확보가 충분히 되면 종이 뉴스를 구독해 읽고, 바쁜 아침과 저녁에는 모바일 뉴스를, 분석 기사를 볼 때는 PC를 적극적으로 활용한다.

경제 기사가 재미있어진 데는 몇 가지 이유가 있었다.

1. 직접 투자했다. 나는 직접 투자하면서 경제 신문에 흥미를 느꼈다. 아무리 소액이라도 내 돈이 걸려 있다 보니 관련 경제 기사에 더욱 집중하게 된다. 국내 경제 기사도 재미있지만, 특히 세계 경제 기사는 무척 흥미로웠다.

주식을 반드시 한 주 사보라. 한번 매수 체결을 하고 나면 갑자기 세계 경제 뉴스에 관심이 증폭될 것이다. 특히, 미국 대통령 말 한마디 한마디를 집중해 듣게 되는 신비한 경험을 할 수 있다.

2. 경제 기사를 공유하는 소모임에 참여했다. 꼭 오프라인 모임이 아니어도 좋다. 단톡방을 개설해 그저 아침 짧은 시간 그

날 관심 기사 1건을 공유하는 모임이 있으면, 경제 공부 실력 향상에 정말 도움이 된다. 경제 기사는 읽다 보면 아무래도 본인이 관심 가는 이슈만 편식하기 쉬운데, 다른 동료가 있으면 짚고 넘어가지 않는 기사들도 배울 수 있다.

3. 경제 기사가 어렵다고 느껴질 때는 큰 글씨만 읽는다. 나도 처음에는 무슨 이야기를 하는지 하나도 모른 채 넘어가곤 했다. 이해가 안 되면 기사 제목과 기사 주위 어딘가 있을 발췌본이라도 훑어보자. 읽는 습관을 들이다 보면 어느새 경제 신문의 메커니즘을 이해하는 데 수월해지고 한층 흥미진진해진다.

4. 처음부터 끝까지 읽어 모든 정보를 파악할 필요는 없다. 관심 있는 분야부터 집중해서 읽고, 다른 분야로 점차 확장해 나간다.

5. 모르는 경제 용어가 나올 때는 검색으로 찾아보는 습관을 들였다. 생소한 용어를 검색하다 보면, 처음엔 도통 진도가 나가질 않는데, 시간이 흐르면 시나브로 시간이 단축되며 개념들 사이에 연결고리가 생긴다.

파이프 원리

1990년대 그룹 롤라 출신의 김지현이 남편과 함께 유튜브에
나왔다. 남편 홍oo 씨는 여러 채의 건물에서 임대 수입을 올리
고 있었다. 노후 대비를 위해 건물주가 됐다는데 벌어들이는 수
입만 대기업 사장급이다. 그는 20대에 일찌감치 파이프 원리를
건물 임대 수입으로 구축하기 시작한 셈이다.

파이프 원리는 노동(직접 일해서 벌어들이는) 소득 외에 소유한
건물, 주식, 저작권 등에서 나오는 임대료, 배당금, 혹은 저작권
료를 말한다. 돈이 여러 파이프를 통해 들어오는 그림을 상상하
면 이해가 쉽다.

30대 은행원이 격변하는 시대를 맞아 공인중개사를 준비한다며, 현재 직업의 절반이 20년 안에 사라진다는 기사 내용이 속속 현실에서 목격된다.

한 직업(근로소득)이 현재와 미래의 안전판 구실을 한다고 믿는 사람을 더는 찾기 어렵다. 근로소득 외에 여기저기서 돈 나오는 구멍을 구축하는 파이프 원리가 암울한 미래를 극복할 대안 중 하나로 떠오르면서 합류하고자 하는 사람이 증가하고 있다.

파이프 원리는 여러 개의 파이프를 꽂을 구멍이 키워드다. 앞서 언급한 임대 수입, 배당금, 저작권 수입이 대표적 사례다. 《부의 추월차선》에서 저자는 큰 부를 축적하게 된 서버 구축 사업을 소개한다.

본인이 구축한 인터넷 홈페이지에 많은 사람이 방문하면서 트래픽이 계속 늘어나 플랫폼이 거대해지고, 여기에 광고를 붙여 막대한 광고 수입을 벌어들인 뒤 고액에 이 서버를 팔았다고 한다.

남편의 가까운 지인 한 분도 비슷한 축에 속한다. 모바일 앱 여러 개를 만들어 두고 매월 대략 500~600만 원 이상을 번다고 한다. 초기에 구축해 놓으면, 가끔 유지, 보수만 해줘도 충분하단다.

정보 업데이트, 공유, 그리고 친목 등을 위해 만들어지는 온라인 카페도 같은 맥락이라고 할 수 있다. 어떤 주제나 목적을 정한 뒤 온라인 카페를 만들고 활성화돼 회원 수가 가령 몇십만 명으로 불어나면 거대한 플랫폼이 된다.

파이프 원리는 반 발짝이 중요하다. 어떤 분야가 수익이 높다며 우르르 몰려가면, 이미 먹을 것이 동났을 공산이 크다. 많은 이가 올 만한 시장에 딱 반 발짝 정도 먼저 들어가 선점할 수 있어야 한다. 통찰력이 문제라는 뜻이다. 꾸준한 경제 기사와 독서로 시장 변화를 예측하는 연습이 관건이다.

재태기(재테크 권태기)

재테크에 박차를 가하며 살다 보면, 일종의 권태기가 찾아온다. 이 증상을 우리끼리 재태기(재테크 권태기)라고 부르는데, 소비를 억지로 또 극적으로 통제해야 하는 재테크 초기에 재태기가 도드라진다. 자꾸만 우울해지고, 계속 가슴이 답답해지면서 그렇게 흥미로웠던 재테크 공부도 하기 싫고, 진부하게만 느껴진다. '이렇게 돈은 모아서 뭣하나?' 하는 꼬리에 꼬리를 무는 의문이 소용돌이친다.

나를 몰아세우며 괴롭힌 정서는 돈을 쓸 때마다 드는 죄책감이었다. 과소비는 아닌지 자기 검열이 시시때때로 일어나 멍에를 달고 사는 기분이었다.

재테기가 한창일 때, 혼자 힘으로는 도저히 극복되지 않을 것 같아 프로젝트 동료들에게 구조신호를 날렸다. "오늘 번개 어때요? 순대곱창 먹으실 분?" 여러 명이 순대곱창집으로 모였다.

알고 보니 재테기 증상을 보이는 동료들이 여럿이었다. 더는 견디지 못하고 시원하게 헬리콥터 머니를 시연하는가 하면 나처럼 우울함을 호소하며 감정을 추스르거나 중도에 미션을 멈춘 멤버도 있었다.

수다를 떨면서 시원하게 감정을 쏟아낸 것도 한몫했고 세상에 나만이 권태로움을 느끼는 건 아니라는 동병상련의 공감대가 초심을 되돌리는 데 큰 도움을 줬다.

'무조건 쓰지 말자'가 아니라 효율적인 지출도 가능하다는 걸 알게 해준 계기가 있었다.

절약 재테크 초기만 해도 식비를 줄여야겠다는 일념에 저렴한 두부나 콩나물로 자주 식단을 구성했더니 쉽게 물리거나 싫증이 났다.

무슨 바람이 들었는지 그날은 집 근처에 있던 반찬가게에 홀리듯 들어가게 됐다. 반찬을 사 먹는다는 건 일종의 사치로 여기던 때다. 이 신념은 문을 열고 정갈하게 포장된 반찬들을 둘러보는 1분도 채 안 되는 시간에 보기 좋게 깨지고 말았다. 나물

류는 3팩에 5천 원, 마른반찬은 2~3천 원대, 구운 고등어 종류도 5천 원이면 살 수 있다. 특히 나물류에는 좋아하는 고구마순 무침도 듬뿍 올려져 있어서 좋다. 고구마순 요리가 정말 먹고 싶어 시장에 가서 가격을 확인했더니, 껍질을 벗긴 순이 1근에 5천 원, 껍질째로는 4천 원이었다. 비싼 가격과 노동력 탓에 고구마순 요리를 기꺼이 포기한 적이 여러 번이다. 고구마순 껍질을 벗기는 일은 정말 엄두가 안 난다. 온 손톱이 시큰대면서 검은 물이 드는 경험은 해본 사람만 안다. 한데 이 고구마순 무침을 반찬 가게에서 볼 수 있다니! 얼마나 신이 났는지 모른다.

생선구이도 오븐에 갓 구워 나온 녀석이다. 생선 요리만큼 곤혹스러운 게 또 있을까. 하루 아니 며칠 동안 생선 비린내와 사투를 벌여야 한다. 그런데, 그저 예열한 프라이팬이나 전자레인지에 스리슬쩍 데우기만 하면 맛난 고등어를 먹을 수 있다. 심지어 가격도 그렇게 비싸지 않다.

이렇게 반찬을 사서 2~3일 먹는다고 가정하면 일주일에 3번 정도 반찬가게에 들르게 된다. 식비로 6만 원이라고 치면 한 달에 30만 원이 채 안 든다. 실제 우리가 먹는 데 지출하는 돈이 간식, 외식까지 포함해서 30만 원이 넘지 않는다. 불과 몇 달 전만 해도 150만 원이었는데, 1/5이 줄었다. 집밥을 먹으니 건강해진 기분은 덤이다.

사라진 것만 같던 재테기는 불쑥불쑥 시도 때도 없이 머리를 내밀곤 하는데, 이걸 잠재워준 건 《해빙》이라는 책이다. 감사와 행복감으로 돈을 쓴다면, 결국 돈은 행복한 흐름을 만들어 주고 큰 부자가 될 수 있다는 내용이다.

이 책을 읽고 나서 비로소 나를 정죄하는 행태를 멈출 수 있었다. 돈을 쓸 때마다 감사와 행복을 느끼려고 애쓴다. 내 감정 신호등은 초록불과 빨간불을 명확하게 구분해 신호를 내려주리라는 믿음이 두터워진 까닭이다.

다이어트는 지루한 정체기를 겪으며 멘탈이 흔들리다가 이를 잘 극복할 때 체중 감량에 가속도가 붙는다. 어떤 일이든 원래대로 돌아가는 요요 현상을 이겨내지 못하면 도로아미타불이 되는 것 같다. 재테크 생활을 하다 보면 한 번씩은 만나게 될 불청객, 재테기는 즐거운 성장통이다.

4

찾아내고
꺼진 재테크도
다시 보자

눈먼 돈을 찾아라!

"오늘은 오빠 갖고 싶은 거 사줄게!" 나의 한마디에 이게 웬 떡이냐는 표정으로 쓱 쳐다보는 신랑. 통장에 100만 원이 넘는 공돈이 들어온 것이다. 신랑의 연말정산 환급액이다.

눈먼 돈(애쓰지 않고 공으로 얻는 돈)이 예상 밖으로 많다. 결혼 후 나는 신랑의 연말정산 경정청구를 열심히 신청했다. 경정청 구란, 기존에 신청했던 종합소득신고나 연말정산을 수정해 다시 청구하는 절차다. 지난 5년간의 세금 신고 정정이 가능하다. 세무서를 방문해 청구하거나, 온라인(국세청 홈택스 www.hometax. go.kr)을 통해서도 정정 신고가 가능하다.

연말정산을 직접 담당하는 직원은 아니었지만, 결혼 전에도 나는 경정청구를 열심히 해서 자체적인 보너스를 받기도 했다. 기업의 연말정산은 보통 거래처인 회계사 사무실에 대행을 맡긴다. 회계사 사무실은 바쁜 경우가 많아 거래처 직원들의 연말정산을 꼼꼼하게 챙기지 못하는 경우가 있다. 우리 회사 담당 회계사 사무실도 마찬가지였다.

아니나 다를까! 신랑의 연말정산도 카드 결제 내역이 제대로 지정돼 있지 않아서 더 환급받을 조건은 충분했다. 심지어 몇 년간 중소기업 청년으로 소득세 면제 대상(정부에서 한시적으로 몇 년간 중소기업 청년에게 소득세 감면 혜택을 줌)이 되는데도 소득세를 왕창 떼어갈 때도 있었다. 이렇게 눈뜨고 못 찾을 뻔한 돈을 눈에 불을 켜고 찾은 것이다.

눈먼 돈을 찾는 일도 재테크의 한 축이다. 먼저 정부 정책에 관심을 기울여보자. 정부는 국민을 위해 수시로 재정정책이나 복지정책을 내놓는다. 경제 뉴스나 주소지 관할 시청, 군청, 세무서, 고용노동부 등 홈페이지에서도 고시나 공고를 통해 힌트를 얻을 수 있다.

중소기업 청년을 위한 청년내일채움공제가 전격적으로 시행한 지 몇 해가 지났다. 중소기업 청년내일채움공제는 청년, 기업, 정부가 2년 또는 3년간 함께 공제금을 적립해 만기에 근속한 청년에게 성과보상금 형태로 공제금을 주는 사업이다.

이 사업을 시작한다는 뉴스를 접하고, 마침 중소기업에 들어간 지 얼마 안 된 B라는 지인이 떠올랐다. B에게 곧장 이 소식을 들려주었다. "회사 총무팀에 중소기업 청년내일채움공제를 알아봐 달라고 요청하고 가입하면 좋을 것 같아. 만약 2년 형에 가입하면 2년간 매달 12만5,000원씩 총 300만 원을 넣고, 정부가 총 900만 원을, 기업은 정부 지원을 받아 총 400만 원을 적립해 만기 후에 1,600만 원과 이자를 받을 수 있어."

B는 이야기를 듣고는 눈이 휘둥그레졌다. 만일 B가 이 청년내일채움공제 2년 형에 가입하면 2년 뒤에는 원금(300만 원) 대비 5배가 넘는(1,600만 원+이자) 돈을 받을 수 있게 된다. 눈 뜨면 눈먼 돈이 보인다.

신용등급 펌프질

'오, 마이갓! 신용 4등급?' 신용 정보 조회를 하자마자, 4등급이라는 문구가 도드라지게 보였다. 설마 착오겠거니 했던 이유는 불과 얼마 전까지만 해도 1등급이었기 때문이다. 갑자기 이렇게 추락할 수가 있단 말인가. 원인을 찾았다.

부동산 매입이 문제였다. 다소 부족한 금액을 채우려고 신용대출을 실행했더니 무려 3단계나 내려간 것이다. 3금융권도 아니고 1금융권(시중은행) 신용대출이었는데 이때만 해도 뭔가 실수가 있을 거라는 여지가 있었다.

신용정보평가기관에 이 사안을 물었더니 "상환 능력보다 과도한 채무가 있는 것으로 판단했다."라는 답변을 들었다. 마침

그 시점에 공교롭게도 지인 부탁으로 발급만 받고 잘라버렸던 신용카드 해지도 신용등급에 영향을 준 것 같다고 했다. 1금융권 신용대출이었으니 망정이지, 2금융권이나 대부업체였다면 어땠을지 아찔했다.

사회생활에서 신용점수(2020년부터는 신용등급에서 신용점수로 일부 개선)는 특별한 주의를 요구한다. 신용점수는 사소하게는 신용카드 발급에 영향을 줄 뿐만 아니라, 크게는 대출금리에도 영향을 끼친다.

대부업체 또는 제2금융권을 통하거나 현금서비스, 카드론 등으로 자금을 융통할 때는 은행 대출에 부정적인 영향을 끼친다. 신용카드를 쓴다면 신용 한도 금액도 유념할 것. 똑같이 100만 원을 쓴다고 가정할 때, 한도를 100만 원으로 설정하고 꽉꽉 채워 쓰는 것보다 200만 원으로 조금 여유를 두면 신용점수 평가에서 더 유리하다.

신용관리에서 가장 중요한 점은 소액이라도 절대 연체하지 않아야 한다는 것이다. 신용등급 판단에서 연체 정보는 가장 나쁘게 작용한다.

매달 내는 공과금(통신비나 관리비)도 마찬가지다. 내 사례처럼 상환 능력보다 과도한 채무를 지녔다고 판단돼도 연체 가능성이 크다고 판단해 신용점수에 영향을 준다.

신용점수가 깎이기만 하는 건 아니다. 개인이 적극적으로 어필해 개선할 수도 있는데, 가스비, 통신비, 국민연금, 휴대폰 요금 등 공공요금을 6개월~1년 동안 성실납부하면 가산점을 5~17점까지 받아서 신용점수를 올릴 수 있다. 납부 실적을 간단하게 제출하고 싶으면 올크레딧이나 나이스지키미 등 신용조회사 홈페이지에 들어가 개인정보란 '비금융정보 반영'을 신청하면 자동으로 반영된다.

최근 6개월간 소득 정보를 확인해 적극적 경제활동을 증명하는 것도 신용점수를 올릴 방법이다. 카카오뱅크 신용조회 메뉴에 신용점수 올리기 탭이 있는데, 자동으로 건강보험공단 납부내역과 국세청 소득금액 증명을 스크래핑해서 신용 가산점을 올릴 수 있다.

올크레딧이나 나이스지키미 등에서는 연간 4회에 걸쳐 무료로 신용조회를 하고 신용 상태를 점검할 수 있으니 신용점수 올리기를 일상화해야 한다. 카카오뱅크 신용조회 메뉴에 수시로 방문해 조회할 수도 있다. 카카오뱅크는 대출용 신용조회가 아니라면 수시로 조회하더라도 신용도에 영향을 끼치지는 않으므로 애용하자.

대출은 받았다고 해서 끝난 것이 아니다

"덕분에 금리가 내려갔네. 고마워 길옥아!" 현미(가명)라는 친구에게서 상기된 목소리로 전화를 받았다. 주택담보대출을 받은 지 몇 년이 지났고, 신용관리를 잘했는지 대출 실행 때 4등급이던 신용등급이 2등급으로 올랐던 터였다. 신용등급이 올랐으니 은행에 '금리인하요구권'을 신청하면 금리를 내릴 수 있다고 조언했던 것이다.

보통 대출할 때는 금리 수준에 신경을 곤두세우곤 한다. 신용점수든 온갖 우대금리를 위한 옵션 선택이든 좀 더 유리한 고지를 점하고자 철저히 준비한다. 그런데 여기에 에너지를 너무 쏟은 탓인지 대출 뒤에는 보통 신경을 끈다. 친구에게 권유한 금리 인하요구권도 마찬가지다. 어떻게 일개 개인의 노력으로 정해진 금리를 바꿀 수 있겠느냐는 의심과 귀차니즘 때문인 것 같다. 아래 기사를 보면 눈이 좀 번쩍 뜨이지 않을까.

'간편해진 금리인하요구권을 통해 3년 반 동안 아낀 돈이 1천137억에 달하는 것으로 나타났다. 이자 절감 추정액을 수용 건수로 나눠 단순 계산하면 2017년에는 한 사람당 평균 96만 원씩, 2019년 상반기에는 한 사람당 평균 8만 원씩 이자를 아낀 셈이 된다.

_간편해진 금리 인하 요구… 이자 1천137억 원 아꼈다 2020.10.01. 연합뉴스 김다혜 기자

대출을 실행했다면 만기 때까지 금리를 눈여겨봐야 한다. 1억 원 대출에 금리를 0.1% 내리면 매년 10만 원을 벌 수 있다. 쌓이면 큰돈일뿐더러 금리 차가 더 벌어지면 나름대로 큰 실익이 생긴다.

대출금리를 줄일 방법에는 크게 두 가지가 있다. 대환대출과 금리인하요구권이다. 대환대출이란, 대출을 다른 대출로 갈아타면서 기존 대출을 상환하는 것이다. 같은 금융기관 혹은 다른 금융기관에 현재보다 더 나은 금리가 있을 때 활용한다. 특히

신용등급이 좋아졌거나 연봉 상승, 재산 상향이 있다면 적극적으로 살펴보고 갈아타자.

금리인하요구권은 대출 뒤에 신용 상태와 상환 능력이 좋아져 개선사항이 있다면 금리를 조금이라도 내려 달라고 정당하게 요구하는 것이다. 첫 금리보다 훨씬 더 낮출 수 있다.

금리 인하 요구를 받아들이는 조건으로는 동일 직장에서 직위 상승, 혹은 직장 변동으로 당시보다 급여가 안정적인 곳으로 갔을 때, 소득 증가(연봉이 평균 임금상승률보다 2배 이상 상승)가 대표적이다. 신용점수 상승도 금리 인하 요구 조건에 해당한다.

신용등급이 두 단계 이상 오르면 된다. 신용점수에 영향을 미칠 정도로 기존 대출(부채)을 탕감했을 때는 금리인하요구권 대상이 될 수 있다.

같은 금융사 대출 상품이라도 중도상환수수료가 발생하기도 하고 그러지 않을 때도 있다. 한편 영업점(오프라인)보다 낮은 금리 상품이 모바일에서 한시적으로 운용할 때도 있으니 1금융권 모바일 상품을 살펴보자.

금융권마다 대출금리 우대 요건들은 다양하다. 대체로 금리 인하 혜택을 주는 경우는 1. 급여 입금 2. 공과금 이체(대개 3건 이상) 3. 카드(체크, 신용) 실적 우대(대개 30만 원 이상) 4. 청약부금

자동이체 등이다. 이 혜택을 다 받으면 금리가 크게는 1%까지 내려가기도 한다.

신용대출 할 때였나? 우대금리를 받으려고 분주하게 움직였던 기억이 난다. 전월 30만 원 체크카드 결제가 조건이었는데, 관리비, 전화요금 등을 카드 자동결제 방식으로 바꾸고 3개 이상의 공과금자동이체 조건을 충족하려고 고객센터와 전쟁을 치르기도 했다.

대출금리가 조금 더 유리할 순 있어도 신용점수 5등급 이상이면 제2, 제3금융권에서는 절대 대출하지 말자. 지금까지 제2, 3금융권 대출에서 연체율이 높았던 탓에, 신규 대출 건도 그렇게 평가해 신용등급 하락의 원인이 된다. 할 수 없이 이런 곳을 이용해야 한다면 보완책을 세운 뒤 실행해야 한다.

한 예로, 2금융권 상품 중 거주지의 전·월세 보증금을 기초로 상환 능력에 가산점을 부여할 수 있다. 담보 설정은 하지 않으면서 보증금을 대출 신청자의 자산으로 평가해 소득을 더 높게 인정하는 것이다. 낮은 신용으로 깎인 부분을 보완해줘 대출 승인율뿐만 아니라 한도도 높일 수 있다. 특별한 자격 조건은 없으며, 계약자 본인뿐만 아니라 배우자도 신청할 수 있다.

1. 주택담보대출 : HF한국주택금융공사(www.hf.go.kr)
  - 신규 주택 구입 용도, 전세자금 반환 및 기존 주택담보대출 상환 용도로 신청
   할 수 있다. 대출한 날부터 만기까지 안정적인 고정금리가 적용돼, 향후 금리
   변동의 위험을 피하고자 할 때 적합.

〈한국주택금융공사〉

	u-보금자리론	아낌e 보금자리론	t-보금자리론
소개	한국주택금융공사 홈페이지를 통해 신청하는 보금자리론	대출거래 약정 및 근저당권설정 등기를 전자적으로 처리해 u-보금자리론보다 금리가 0.1%p 저렴	은행에 방문해서 직접 신청하는 보금자리론
주택연금 사전예약	만 40세 이상인 본인 또는 배우자가 u-보금자리론을 신청하면서 주택연금 가입을 사전예약하고, 주택연금 가입 연령에 도달 시(55세 이후 전환 희망 시) 주택연금으로 전환하는 상품. 사전예약 공사 보금자리론을 주택연금으로 전환 시 우대금리(0.15%p 또는 0.3%p) 누적액을 전환장려금 형태로 일시에 지급해 드림.		
유의사항	상품별 대출 신청이 가능한 금융기관이 달라 확인 필수. 대출실행은 대출 신청 완료 후 최장 70일 내 가능. - 대출 신청 후~대출 승인 : 최장 40일 - 대출 승인 후~대출 실행 : 최장 30일 * 대출 희망일 신청일로부터 20일 이후인 건만 접수 가능		

장점 : 비교적 저렴한 금리로 장기 대출 실행 가능.

단점 : 부동산 정책에 큰 영향을 받아 현재 1주택자(임시 2주택자) 혹은 무주

택자만 가능. 대출 가능 한도 등 대출 가능 금액에서 현저한 차이.

2. 전세자금 대출

– 전세 보증금을 활용해 전세자금 대출을 받을 수 있음.

장점 : 전세보증보험 덕에 전세 만기 시 전세자금을 떼일 우려 없음.

단점 : 부동산 정책으로 대출 조건이 까다로워짐.

① 2주택 이상 다주택자는 불가.

② 1주택 소유자도 부부합산 소득이 연 1억 원을 넘으면 대출 불가. 1주택 세대

가 전세자금 대출을 신청할 때 주택도시보증공사는 최대 2억 원, 서울 보증

보험은 최대 3억 원. 투기 및 투기과열지역에 3억 원을 초과하는 아파트를

살 대 전세자금 대출 회수.

3. 신용대출

– 개인의 신용점수와 소득을 토대로 한 대출 상품.

장점 : 비대면 신용대출이 많이 생겨서 손쉽게 신용대출 가능. 중도상환수

수료 여부 확인.

단점 : 대출 기간이 1년 단위로 끊어짐. 대출 실행 시 신용도에 영향을 줌.

대출 연장 시 대출한도가 줄어들거나 금리가 올라갈 수 있음.

4. 마이너스대출

– 건별 대출이 아니라 금액 한도를 정해두는 대출 방식

장점 : 신용대출처럼 대출 용이. 금액 한도가 정해져 필요한 금액만큼만 실행 후 그때마다 상환할 수 있음.

단점 : 대출 기간이 1년 단위로 끊어짐. 대출 실행 시 신용도에 영향을 줌. 대출 연장 시 대출한도가 줄어들거나 금리가 상향될 수 있음. 생활비 용도로 사용하는 것은 비추천. 지출 통제의 어려움이 있음.

5. '증권금융'의 증권 담보 대출

– 주식 등 증권을 보유한 개인 또는 법인이 이를 담보로 받는 대출. 증권금융 인터넷 뱅킹 사이트에 회원으로 가입해 증권사 계좌와 증권금융 계좌를 연결한 후 대출 신청 가능.

1) 인터넷으로 신청하면 1거래일 이내에 바로 대출금이 나옴.

2) 대출기한은 처음 계약할 때 최장 1년으로 설정 가능. 만기가 되면 1년 단위로 연장

3) 주식 등 증권을 담보로 대출을 내주므로 주요 증권사의 '예탁증권담보대출'과 비슷한 상품

4) 증권 금융계좌에 담보로 잡힐 주식, 채권, CD(양도성예금증서), CP(기업어음), 후순위채권 등 증권을 입고한 후 대출금리와 대출한도액 산출. 일부 비상

장주식도 담보로 제공해 대출 가능

장점

① 대출금 한도가 커 거액을 빌릴 수 있다. 담보로 잡힌 주식 등 증권 평가액의 절반가량(50%)까지 대출 가능. 단, 개인은 최대 1,260억 원까지, 법인은 최대 1,450억 원까지 대출 가능.

② 담보 증권의 50%가량을 대출로 내주기 때문에 담보 증권의 70% 안팎을 대출해주는 증권사 예탁증권담보대출을 이용할 때보다 반대매매(담보 증권의 가치가 하락해 증권을 처분해 대출금을 강제 상환)를 당할 가능성 적음.

③ 비교적 금리 저렴

단점

① 담보가치가 대출액보다 낮아질 때 증권금융도 반대매매로 대출금 강제 회수.

보험은 계륵?

"글쎄… 현지(가명)가 이번에 다리를 좀 다쳤나 봐. 저번에 너한테 들었던 그 보험사에서 보험금 일부 지급하고 해지됐다고 하더라."

엄마가 의아해하면서 내게 사촌 언니의 보험 해지 사실을 알려주었다. 사촌 언니가 공제에 가입하고 몇 달 뒤 다쳐 보험금을 받게 된 것이다. 보장은 다 해주었지만, 공제 조합에서 일방적으로 계약을 해지했다는 건 이해하기 어려웠다. 물론 보장은 부은 금액 이상으로 받았지만, 협의 없이 중도에 해지한다는 건 당시엔 이해되지 않았다.

대학교 휴학 중 금융권에서 1년 넘게 일한 적이 있다. 그곳에서는 보험을 공제라고 해 직원마다 공제 모집 자격증을 수료하게 하고 판매하도록 했다. 웬걸 여신이나 수신보다 공제 모집에 엄청난 실적 압박이 따랐다. 공제 모집하러 입사한 건지 헷갈릴 정도였다. 알고 보니 공제 모집으로 조합에서 챙기는 수수료가 어마어마했다. 이 수수료는 직원 월급을 해결하고도 많이 남아 조합 이익으로 환수됐다.

소비자가 공제(보험) 가입 후 중간에 해지하면 부은 금액의 소정액만 해지환급금으로 돌려주니 남는 장사다. 공제 회사로서는 중도해지자가 더없이 고마운 호갱님인 셈이다.

그때는 너무 어려서 회사에 건의하거나 물어볼 생각조차 하지 못했다. 해가 지나고 생각해보니 아마도 사촌 언니의 공제를 계속 유지할 때 회사로서는 계속 보상이 발생하리라 예상해 일찌감치 해지한 것으로 보인다. 보상을 신청할 때도 트집을 잡아 보상을 거절하는 때도 비일비재했다. 보험사는 절대 손해 보는 계약을 끌고 가지 않는다는 사실을 그때 알았다.

예상치 못한 사고나 질병에 대비하고자 가입하지만, 취지와는 다르게 호구가 될 확률도 높은 게 보험 가입이다.

우리 집엔 보험이 하나도 없다. 대신 각종 건강 적금으로 보험을 대체한다. 원래 치아 보험이 하나 있었지만, 한 달에 2만 원이 넘는 보험료에 비해 나중에 보통 100만 원을 훌쩍 넘기는 치료비 보상 범위가 작을뿐더러 금액도 미미했다. 신랑과 함께 든 치아 보험을 해지하고 그 금액만큼 치아 적금을 들었다.

건강 적금의 장점은 적어도 원금 손실이 없고 확실히 치과 갈 때를 대비하는 금액이 적립된다는 데 있다. 혹시나 큰돈이 필요한 병원비를 대비해줘 우리 집의 든든한 지원군이다. 다만, 적금이다 보니 장기간 유지하는 데는 큰 인내심이 요구된다.

보험용 통장은 적금 자동이체 통장에서 빠져나가는 적금 중 하나다. 자유 적립 형태로 가입하며, 건강 보험적 성격을 대신해야 하니 당연히 중도에 뺄 수 있어야 한다. 중도 인출 여부는 은행별 가입설명서에 자세히 나와 있다.

그래도 어떻게 한꺼번에 보험을 깰 수 있냐고 물을 수 있다. 만약 현재 보험을 유지하고 싶다면 총수입의 10%를 넘는지 먼저 알아본다. 그렇다면 가입하고 있는 보험 중 실비보험, 암보험, 운전자보험(상해보험)은 유지하되, 다른 보험은 조정한다.

유지할 보험의 기준은 지급률이 높으냐 낮으냐다. 저축보험과 연금보험을 중도에 깨면 득보다 실이 많으므로 해지환급금이 손익 분기점을 넘는 시점까지 유지하는 편이 유리하다. 오래전 가입한 연금보험일수록 장기 수익률이 높은 경우가 많다.

종신보험, 정기보험, 상조보험 등은 손해를 보더라도 과감하게 해지해 지출 부담을 줄이는 게 재테크의 기본이다.

'100세 시대'라며 보험사에서 많이 판매하는 상품 중에 '종신보험'이 있다. 계약자 본인이 죽은 뒤 법정 상속인에게 보험금을 주는데, 모집 수수료가 타 상품보다 많고 해지환급금은 턱없이 적다.

우리도 한때 계약 10년 이상, 월 10만 원의 종신보험에 가입하고 나서 몇 년 뒤 해지하고 받은 몇천 원에 황당했었다. 다만, 최근 고액자산가들 사이에선 이 종신보험이 증여세 절감용으로 활용된다고 한다. 보통은 나이가 어린 가입자일수록 해지가 정답이다.

보험에는 만기에 납입금액을 돌려주는 만기 환급형과 그렇지 않은 순수형(소멸형)으로 나뉜다. 보통 만기 환급형이 순수형보다 훨씬 비싸다. 계약금을 돌려준다는 말에 솔깃할 수 있지만, 훨씬 저렴한 순수형이 소비자로선 유리하다. 만기 환급형은 긴 시간 상승할 물가를 반영하지 못해 무조건 손해다.

보험을 깨는 일은 단기적으로는 손해인 것 같아 께름칙하겠지만, 장기적으로는 절감된 보험료만큼 돈을 모으는 데 가속도가 붙는다.

꺼진 연금도
다시 보자

다음은 '아는 사람은 다 안다는 국민연금 100% 이용법' 기사
내용이다.

경기 용인시에 사는 A(60) 씨는 원래 국민연금을 한 푼도 받을 수 없었다고
한다. 지난 1995년 국민연금에 가입했지만, 고작 2개월만 보험료를 내고 그
이후로는 한 푼도 안 냈기 때문이다. 국민연금 최소 가입 납부 기간(10년)에
턱없이 못 미친다. 그러다 286개월 치에 해당하는 보험료 2,600여만 원을
한꺼번에 냈다. 예상 연금액은 '0'원에서 45만7천 원으로 올랐다. 향후 5년
만 연금을 제대로 타도 본전 이상 뽑는 것이다.

_ 조선일보 이기훈 기자

위 기사는 요즘 강남 부자 재테크로 입소문을 타고 있는 '국민연금 추납 제도'를 말한다. 이 제도는 국민연금 가입 뒤 보험료를 내지 않은 동안 밀린 보험료를 한꺼번에 낼 수 있게 한 것이다.

추가로 납부해 연금 수급에 필요한 10년의 가입 기간을 채우거나, 가입 기간을 늘려 연금 예상액을 키울 수도 있다. 경력단절 여성, 주부, 수입이 일정치 않은 사람들, 실직한 노동자, 폐업한 자영업자에게는 무척 유용하다. 하지만, 일부 부유층들이 만60세에 달해 고액을 일시에 내고 연금 수령액을 대폭 늘리는 식으로 재테크에 활용해 성실납부자와 형평성에서 문제가 제기됐다. 정부에서는 국민연금 추납 가입 기간을 최대 10년으로 제한하는 법령을 검토 중이다.

국민연금은 개인연금과 달리 물가상승률 등을 반영해 매년 연금액을 올려준다. 지난해 국민연금분석원에 따르면 국민연금 수익비(20년 가입, 20년 수령 기준)가 낮게는 1.4배, 높게는 3배에 달한다.

노후 대책용으로 온갖 연금에 가입하기 전에 먼저 국민연금을 확인해보자. 본인이 국민연금 추가 납부 대상인지 혹은 국민연금 임의 가입 대상인지 점검해 최대한 오래 내는 것이 유리하다. 국민연금 최대 납부액을 다 채웠다면 부족분은 개인연금으로 충당한다.

갈수록 늘어나는 국민연금 추후 납부 신청자 자료=국민연금공단		

14만2000명   14만7000명

10만명

5만

0   4만1000명   8월 21일 현재   12만명

2014   2015   2016   2017   2018   2019   2020년

국민연금, 이런 제도도 있다	소득 없어도 가입 가능	의무 가입 대상 아니어도 원하면 가입 가능(임의 가입) →국민연금 수령액은 물가에 맞춰 오르는 등 사적 연금보다 유리한 편
	늦게 타면 연금액 올라간다	최장 5년간 연금 받는 시기 늦출 수 있어(연기 연금) →1년 늦출 때마다 7.2%씩 연금액 증가
	연금 일부는 지금, 일부는 나중에	연금 일부는 지금 타고, 나머지는 최장 5년간 늦출 수 있어 (부분 연기 연금) →생활비를 감당하면서도 연금액 높이는 방법
	5년 앞당겨 탈 수 있지만 손해 커	연금 받는 시기를 최장 5년 앞당길 수 있지만, 1년 일찍 받을 때마다 6%씩 연금액 낮아져(조기 노령 연금) →나중에 원하면 중단 가능

_ 조선일보 이기훈 기자

'아는 사람은 다 안다'는 국민연금 100% 이용법

'이 속은 느낌은 뭐지' 신랑과 함께 노후 대책용으로 개인연금에 가입하려고 며칠간 공부한 뒤였다. 그때만 해도 투자에는 두려움이 앞서 안정적이리라 믿던 연금신탁(예 · 적금 금리와 비슷. 2018년부터 가입 폐지) 상품에 가입하기로 하고 은행을 찾았다. 한데 청산유수와 같은 은행직원의 말솜씨에 우리는 샛길로 빠지고 말아 연금보험에 덜썩 가입하고 말았다. 보험이라면 질릴 대로 질린 나로서도 별도리가 없었다.

현재까지 연금보험에 가입돼 있다. 부부 각각 명의로 노후 대책, 연말 소득공제를 받기 위해서다. 연말 소득공제 차원에서는 좋지만, 가입한 지 3년이 넘었으니 원금은 말할 것도 없거니와 엄청난 손해를 보고 있다. 해지환급금은 터무니없다.

내용을 알아보던 중 보험사가 사업비를 공제한다는 사실을 알았다. 이자를 주더라도 사업비를 많이 공제하니 원금이 손실되는 것이다. 우리 개인연금은 7년이 넘어서야 가까스로 원금을 회복하는 구조였다.

이 연금보험을 해지하고 다른 상품으로 갈아타야 할지 고민하며 계산해 봤더니, 가입한 연금보험은 장기로 갈수록 유리해 손익분기점까지 유지할 수 있느냐가 관건이었다. '보험사에서는 중도에 해지하는 고객들을 제일 반기지 않나!' 보험의 속성이란 게 있으니 이걸 잘 활용하는 게 최선이라고 판단했다.

(금액 단위 : 원)

총 납입원금	기지급금	적립금(적립액)	누적수익률(%)	연평균수익률(%)
8,800,000	0	8,488,228	-3.6	-1

위 표는 개인연금을 판매한 B 보험사의 연금보험 수익률 보고서다. 총 납부 원금은 8,800,000인데, 현재 시점의 누적수익률은 -3.6%, 연평균수익률이 -1%이다. 적립금 자체가 8,488,228인 셈이다. 적립금 자체가 마이너스인 이유는 연금보험의 사업비와 모집 수수료 때문이다.

구분	연금수령 전									연금수령 기간 중	
	정기 납입							추가 납입			
	계약체결 비용(매월 차감)			계약관리 비용(매월 차감)				계약관리 비용		관리 비용	
부과 기간	7년 이내		7년 초과 10년 이내	납입 기간 이내		납입 기간 이후				연금수령 시	
부과 기준	기본 보험료			기본 보험료				추가 납입 금액		연금수령액	
금액 /비율	비율 (%)	금액 (단위:원)	비율 (%)	금액 (단위:원)	비율 (%)	금액 (단위:원)	비율 (%)	금액 (단위:원)	비율 (%)	비율 (%)	
	2.52	5,040	0.58	1,160	5	10,000	1.5	3,000	2.5	0.5	

수수료를 살펴보자. 7년 이내에는 기본 보험료 대비 2.52%라는 수수료를 떼간다. 또 납입 기간 이내에 기본 보험료 대비 5%라는 수수료를 추가로 낸다. 매월 200,000원의 보험료를 낸다면, 가입 기간 7년 이내에는 매월 15,040원이라는 사업비와 모집 수수료를 떼, 실제 적립되는 돈은 월 184,960원이다.

(가정)예상 납입액(단위:원)			200,000	(가정)예상 수익률(%)		2.2	연금수령형태		확정형
연령(만)	55	56	57	58	59	60	61	62	63
연도	2040	2041	2042	2043	2044	2045	2046	2047	2048
금액	1,472,136	1,472,136	1,472,136	1,472,136	1,472,136	1,472,136	1,472,136	1,472,136	1,472,136

연령(만)	64	65	66	67	68	69	70	71	72
연도	2049	2050	2051	2052	2053	2054	2055	2056	2057
금액	1,472,136	1,472,136	1,472,136	1,472,136	1,472,136	1,472,136	1,472,136	1,472,136	1,472,136

연령(만)	73	74	75	76	77	78	79	80	81
연도	2058	2059	2060	2061	2062	2063	2064	2065	2066
금액	1,472,136	1,472,136	1,472,136	1,472,136	1,472,136	1,472,136	1,472,136	1,472,136	1,472,136

연령(만)	82	83	84						
연도	2067	2068	2069						
금액	1,472,136	1,472,136	1,472,136	1,472,136	1,472,136	1,472,136	1,472,136	1,472,136	1,472,136

20만 원씩 10년간 납입(원금 24,000,000원)한다고 가정했을 때 타게 될 예상 연금 수령액이다. 55세부터 받는다면 17년간 즉, 72세가 되어야 가까스로 원금이 회복된다.

노후용으로 개인연금을 고려한다면, 연금펀드를 권유하고 싶다. 연금펀드는 변동 폭이 커서 위아래로 수익이나 손실이 난다. 장기로 운영하되 리스크를 감내할 수 있을 때 걸맞다. 가입 뒤 다른 상품으로 갈아탈 수도 있다.

연금보험에 가입할 때 고민 지점은 종신이 되느냐 아니냐였다. 연금신탁은 물가상승률을 전혀 반영하지 못하는 예금, 적금과 같다. 예·적금은 안전하게 자산을 증식할 목적으로 하는데, 화폐 가치의 하락은 보장해주지 않는다. 이 말은 화폐 가치는 계속 떨어진다는 의미다.

10년 전만 해도 2천 원대인 짜장면 한 그릇이 지금은 5~6천 원대로 올랐다. 이를 예·적금에 대입하면 놀라운 결과가 나온다. 10년 전 1억 원이 지금은 2억 넘는 가치로 평가받는데, 은행에 묶인 1억 원에 붙는 이자는 현재 가치에 턱없이 밑돈다. 예·적금은 결국 자산을 증식하는 수단이 아니라 자본을 감가상각한다. 그래서일까, 연금신탁상품은 2018년부터 폐지됐다.

종신형을 원한다면 보험은 초기에 사업비를 많이 내므로 가입은 다른 상품(펀드)으로 한 이후 사업비가 많이 줄어드는 시점(약 7년 이상)에서 보험으로 갈아타는 방법을 염두에 봐도 좋겠다.

알짜 TIP

1) 연금저축신탁 vs 연금저축보험 vs 연금저축펀드

연금저축신탁 vs 연금저축보험 vs 연금저축펀드

구분	연금저축신탁	연금저축보험	연금저축펀드
판매사	은행	보험사	증권사
자유납과 중도 인출	가능	불가 또는 해지환급금 중 일부(연간 횟수 제한)	가능
다양한 투자 포트폴리오 구성 및 변경	불가능	불가능	가능
기대수익률	실적배당	연 3% 수준	실적배당
예금자보호법 적용	적용	적용	불가
원금보장	보장	보장	비보장
기타	2018년 판매 중단	가입 7년까지는 높은 사업비	

2) 연금계좌 세액공제 한도

- 총 급여액 : 1억 2천만 원 이하는 연 납입액 400만 원, 초과자는 연 납입액 300만 원 한도.
- 공제율 : 총 급여액 5,500만 원 이하는 15%, 그 외는 12%

3) TDF 상품

연령대별 생애주기에 맞춰 주식과 채권 등 자산의 포트폴리오 비중을 자동으로 조절해 주는 금융상품. 30~40대에는 상대적으로 리스크가 높아도 공격적으로 운용해 높은 수익률을 추구하다가 50대 이상 은퇴 시기가 가까이 오면 운용 방향을 안정적이고 보수적으로 변경.

4) 국민연금

정부가 직접 운영하는 공적 연금 제도. 국민 개개인이 소득 활동을 할 때 납부한 보험료를 기반으로 나이가 들거나, 갑작스러운 사고나 질병으로 사망 또는 장애를 입어 소득 활동이 중단된 경우 본인이나 유족에게 연금을 지급함으로써 기본 생활을 유지할 수 있도록 하는 연금제도.

국민연금의 급여 종류별 수급 자격과 급여 기준

급여 종류		수급 자격	급여 수준
노령 연금	완전 노령	20년 이상 가입 60세에 달한 자 (생존하는 동안)	기본연금액의 100%+부양가족 연금액
	감액 노령	10년 이상 20년 미만 가입한 자로 60세가 된 때부터	기본연금액의 50%+(가입 10년 초과 1년마다) 부양가족 연금액
	재직자 노령	10년 이상 가입, 60세 이상 65세 미만 소득이 있는 업무에 종사	수급권자의 연령별로 기본연금액의 50~90%
	조기 노령	10년 이상 가입, 또는 가입했던 자로 55세 이상인 자가 소득이 없는 경우	기본연금액의 70~94%+부양가족 연금액
	분할 연금	혼인 기간이 5년 이상인 자 중 연금 수급권자의 배우자였을 경우	배우자였던 사람의 노령연금액 중 혼인 기간에 해당하는 연금액을 균등하게 나눈 금액
장애연금		가입 중 질병·부상으로 장애가 발생한 경우, 그 장애가 계속되는 동안 장애 정도에 따라 지급	장애등급 1급·2급·3급·4급에 따라 차등 금액 지급. 장애등급 1급에 대하여는 기본연금액에 부양가족 연금액을 더한 금액
유족연금		1년 이상 가입자, 10년 이상 가입자였던 자, 노령연금 수급권자, 장애연금(2급 이상) 수급권자가 사망한 때	가입 기간에 따라 기본연금액의 40~60%+부양가족 연금액
반환일시금		가입 기간이 10년 미만인 자가 60세가 된 때, 가입자 또는 가입자였던 자가 사망한 때(단, 유족연금이 지급되지 아니한 경우)	가입자 또는 가입자였던 자가 납부한 연금보험료(사업장 가입자의 경우 사용자의 부담금 포함)에 대통령령으로 정하는 이자(정기예금 이자율)를 더한 금액

5) 주택연금

집을 소유하고 있지만, 소득이 부족할 때 평생 또는 일정 기간 안정적인 수입을 얻을 수 있도록 집을 담보로 맡기고 자기 집에 살면서 매달 국가가 보증하는 연금을 받는 제도

[가입 요건]
- 부부 중 1명이 만 55세 이상
- 부부 중 1명이 대한민국 국민
- 부부 기준 9억 원 이하 주택 소유자
- 다주택자라도 합산가격이 9억 원 이하면 가능
- 9억 원 초과 2주택자는 3년 이내 1주택 팔면 가능
[가입 문의] 1688-8114, www.hf.go.kr

6) 농지연금

만 65세 이상 고령 농업인이 소유한 농지를 담보로 노후생활 안정 자금을 매월 연금으로 받는 제도

[가입 대상]

① 가입 연령
· 신청연도 말일 기준으로 농지소유자 본인이 만 65세 이상(2020년의 경우 1955.12.31 이전 출생자) 일 것
- 연령은 민법상 연령을 말하며 주민등록상 생년월일을 기준으로 계산해 적용

② 영농경력
· 신청인의 영농경력이 5년 이상일 것

- 농지연금 신청일 기준으로부터 과거 5년 이상 영농경력 조건을 갖추어야 함.
- 영농경력은 신청일 직전 계속 연속적일 필요는 없으며 전체 영농 기간 중 합산 5년 이상이면 됨

③ 대상 농지
 - 담보 농지는 농지연금 신청일 현재 다음 각 호의 요건을 모두 충족해야 한다

 Ⓐ 농지법상 농지 중 공부상 지목이 전, 답, 과수원으로서 사업대상자가 소유하고 있고 실제 영농에 이용되고 있는 농지
 Ⓑ 사업대상자가 2년 이상 보유한 농지
  * 상속받은 농지는 피상속인의 보유기간 포함
 Ⓒ 사업대상자의 주소지(주민등록상 주소지 기준)를 담보 농지가 소재하는 시, 군, 구 및 그와 연접한 시, 군, 구 내에 두거나, 주소지와 담보 농지까지의 직선거리가 30㎞ 이내의 지역에 위치하고 있는 농지
 *Ⓑ와 Ⓒ의 요건은 2020년 1월 1일 이후 신규 취득한 농지부터 적용
  - 저당권 등 제한물권이 설정되지 아니한 농지
   단, 선순위 채권최고액이 담보 농지 가격의 100분의 15 미만인 농지는 가입 가능
  - 압류·가압류·가처분 등의 목적물이 아닌 농지

④ 제외 농지
· 불법건축물이 설치된 토지
· 본인 및 배우자 이외의 자가 공동소유하고 있는 농지
· 개발 지역 및 개발계획이 지정 및 시행 고시되어 개발계획이 확정된 지역의 농지 등 농지연금 업무처리요령에서 정한 제외농지

· 2018년 1월 1일 이후 경매 및 공매(경매, 공매후 매매 및 증여 포함)를 원인으로 취득한 농지

다만, 농지연금 신청일 현재 신청인의 담보 농지 보유기간이 2년 이상이면서 '담보 농지가 소재하는 시군구 및 그와 연접한 시군구 또는 담보 농지까지 직선거리 30km' 내에 신청인이 거주(주민등록상 주소지 기준)하는 경우 담보 가능)

[가입 문의] 1577-7770, www.fbo.or.kr

5월의 연말정산

'다음 달에 돈 나갈 데가 좀 많은데, 어떻게 하면 좋지? 아, 맞다! 이번에 내 연말정산 다시 한번 안 했었지?' 불현듯 돈 나올 구멍을 찾아냈다. 우리에게는 보너스에 보너스 같은 존재로 '경정청구'라는 게 있다고 앞에서 말했다. 이전 5년간의 연말정산 자료를 수정 신고할 수 있는 청구권이다.

직장인으로서 연말정산은 소홀한 편이었다. 담당 부서에서 닦달하는 마감 기한에 맞춰 서류들을 대충 떼서 전달하는 요식 행위에 지나지 않았다. 그러다가 운 좋게 돈을 환급받으면, 기분이 좋았고 돈을 더 내야 할 땐 잠깐 우울했다.

연말정산으로 많은 돈을 환급받는 옆 동료로부터 자극과 동기부여를 받았다. 연말정산을 제대로 해야겠다고 굳게 결심한 뒤부터는 내게도 매년 꿀 같은 13월이 찾아온다.

두 번째 월급이 되기도 하고, 어마어마한 돈을 토해내기도 하는 연말정산. 관련 서류를 제출한다 해도 직장의 세무 담당 직원이 직원들 서류를 세세하게 챙기기도 어렵고, 챙겼다고 해도 연말정산을 맡기는 세무사사무실에서 누락되기도 한다.

13월의 월급을 챙기려면 기존에 신고했던 카드 결제 내역이나 의료비가 제대로 반영됐는지 확인하는 일이 우선이다.

매년 5월이 되면 신랑의 연말정산을 재확인하는 일이 관례가 됐다. 담당 직원에 따라 카드 결제 내역 금액을 잘못 입력하거나 4대 보험 신고 내용을 빠뜨려서 반영하는 경우가 왕왕 있기 때문이다. 하물며 안경이나 콘택트렌즈 비용은 간편 연말정산 자료에 포함되지 않는다. 수기로 금액을 첨부해야 하는데, 이런 세세한 자료는 담당 직원이 잘 빠트리는 레퍼토리다.

맞벌이 부부의 연말정산은 전략적으로 접근해야 한다. 부부 중 한쪽으로 몰아야 할 것이 있으니, 신용카드, 체크카드, 현금영수증, 그리고 의료비다.

소득공제를 받으려면 현금+체크카드+신용카드를 사용한 금액이 연간 총급여액의 25%를 초과한 금액이어야 한다. 연말정산 시에는 현금과 체크카드를 사용하는 것이 신용카드보다 확실히 유리하다. 현금과 체크카드는 30%, 신용카드는 15% 비율로 연간 300만 원 내에서 소득공제를 받을 수 있기 때문이다.

현금+체크카드+신용카드는 맞벌이 부부 중 한 명, 이왕이면 연봉이 더 적은 쪽에 몰아 주는 게 소득공제 효과를 극대화하는 방법이다.

의료비 소득공제 또한 배우자의 소득을 포함할 수 있다. 단, 의료비 지출은 당사자 카드로 배우자 의료비를 결제할 때, 연봉의 3% 이상을 초과한 금액에 대해 15%를 공제한다. 건강한 성인 남녀라면 이를 초과하는 게 여간해선 쉽지 않다. 연말정산에 크게 관심이 없던 우리가 흘려보낸 아까운 혜택 중 하나다.

연초에 제대로 챙기지 못했다면, 5월 종합소득세 신고 기한에 경정청구를 활용해보자. 이때 홈택스(hometax.go.kr)를 방문하면 일반 근로소득 신고자들도 다시 한번 연말정산이 가능하다.

미처 상반기를 놓쳤더라도 하반기에 반전의 기회가 있다. 매년 10월경에 오픈되는 연말정산 미리 보기 시스템을 적극적으로 활용하는 것이다. 연말정산 미리 보기로 그해 낸 소득세, 지방소득세 대비 지출에 대한 소득공제, 세액공제를 얼마만큼 받을 수 있는지, 토해내지는 확인해 10월, 11월, 12월 지출을 빈틈없이 준비할 수 있다. 세액공제 혜택이 있는 개인연금 납입액을 최고 한도액까지 꽉꽉 채우는 일이 대표적이다.

매년 우리는 연말정산을 전장에 나가는 장수의 마음가짐으로 준비한다.

5

불리고
투자의 바다로

예금둥이, 투자를 시작하다

"투자에 대하여 어떻게 생각했어요?" 성선화 기자님과 함께 하는 오디오북에 게스트로 출연하고 받은 질문이다.

"투자는 해서는 안 되는 암적인 존재. 위험 덩어리라고 여겼어요. 오로지 예금 적금으로만 돈을 굴려야만 한다고 믿었거든요."

막상 금융 공부를 시작하려니 초조해지고 두려웠다. 차이나펀드에 투자해서 반 토막 났던 악몽이 떠올랐다.

중국 주식이나 펀드에 투자하면 수익률이 2배가 된다며 온 나라를 들썩이게 한 펀드 상품이 있었다. 원금의 2배라니 귀가 솔깃할 수밖에. 대학생으로서는 그래도 목돈인 거금 300여만 원을 들고 증권사를 찾았다. "가장 수익률이 좋은 차이나 펀드에 묶어주세요."

그렇게 증권사에 예치하고 한 달이나 지났을까? 차이나 펀드는 반 토막이 돼 있었다. 분노와 공포가 뒤섞이며 원금을 지켜내야 한다는 조바심이 발동했다. 한달음에 증권사에 달려가 펀드를 해지했다. 그렇게 원금 손실을 입고는 직장인이 돼서도 오랫동안 투자와는 담을 쌓고 지냈다.

어디 나뿐이랴. 근저에 등장해 증권시장의 큰손으로 등장한 동학개미는 딴 세상 이야기일 뿐, 온통 주변이 투자 문외한들로 가득하다는 점도 투자 백치를 만든 요인 중 하나였다.

하지만, 화·폐·는 쓰·레·기·가 되·었·다!

열심히 저축만 하고 있다면 세상 이보다 허무한 말도 없을 텐데, 현실이니 어찌하겠나, 정신 바짝 차려야 한다.

매달 100만 원씩 12개월(1년) 동안 적금을 붓는다고 하자. 이 통장의 원금은 12,000,000원이다. 대략 연이율 2%라고 가정했을 때 붙는 이자는 130,000원. 물론 실제 받아 가는 돈(실수령액)은 이보다 약간 더 줄어든다(가입 상품에 따라 1, 3금융권은 15.4%, 2금융권은 1.4%를 이자소득세로 떼 간다).

똑같은 돈을 미국 우량주에 투자했다고 치자. 만일 단기투자

(1년 미만)보다 장기투자(1년 이상)를 한다면 아까 적금 이자와는 비교도 안 될, 최소 10% 이상의 수익을 기대할 수 있다.

100원이라도 더 이자를 받을 수 있는 금융상품이 있다면 비교하는 게 인지상정인데 저 거대한 차이를 눈앞에 두고 설레지 않을 사람이 있을까.

매년 물가는 오른다. 이걸 물가상승이라고 하는데, 장 볼 때 바구니 물가로도 체감하겠지만, 보통 2% 정도 물가상승률을 건강한 경제 신호로 받아들인다. 그런데 화폐의 값어치는 이 상승하는 물가를 반영하지 못한 채 하락한다.

야식으로 자주 시켜 먹는 치킨 한 마리 가격만 살펴봐도 알 수 있다. 20년 전만 해도 6,500원에서 7천 원 정도면 1마리를 무난히 시켜 먹었다. 지금은 어떤가? 1만 원은커녕 2만 원에 육박하는 돈을 치러야만 손바닥만 한 통닭 한 마리를 겨우 먹을 수 있다. 치킨 한 마리 사는 데 치러야 할 돈이 많아졌다는 건 그 가격 차이만큼 돈의 가치가 떨어졌다는 뜻이다.

그럼 앞으로 화폐 가치는 다시 올라갈까? 다시 말해 향후 10년 뒤에 통닭 1마리를 1만5,000원 정도에 사 먹을 수 있느냐는 건데 안타깝게도 3만 원이 넘지 않으면 고마울 것이다. 화폐 가치는 앞으로도 쭉 떨어진다.

화폐 가치가 계속 내려간다면 물가가 상승하는 몫(물가상승률) 이상을 벌어들일 수 있어야 한다. 상대적으로 안전은 하지만, 물가상승률도 따라가지 못하는 예금과 적금 이자가 더는 유용하지 않다는 결론이 나온다. 부자가 되고자 할 때 애초에 '복리 효과'를 염두에 둬야 하는 까닭이 여기에 있다.

어린 시절 눈사람 만들던 기억을 더듬어 보자. 주먹만 한 눈덩이가 굴려지면서 점점 커지는 이치. 복리 효과를 다른 말로 '눈덩이 효과'라고도 부르는데, 적은 돈도 복리 효과를 만나면 큰돈이 된다.

복리 효과를 보려면 투자 외에는 다른 뾰족한 수가 없다. 그중에서도 금융투자는 필수다. 내가 투자를 암덩어리로 여기던 투자맹에서 목청껏 '투자하자'라고 외치는 열혈 투자자로 변신한 이유다.

금융투자를 결심하고 증권사 비대면 계좌를 설치할 때는 정말 손이 벌벌 떨렸다. '이걸 해도 되나?' 하는 의구심에 몇십 번을 망설였는지 모른다.

몇 달 동안은 50만 원을 넘지 않는 금액으로 첫 투자를 시작했다. 자신감이 좀 붙었을 때 100만 원, 200만 원으로 투자금액을 점차 늘려갔다. 투자 초보라면 서두를 이유는 없다. 나처럼

소액으로 조금씩 금액을 늘려가면 기적의 '복리 효과'를 기대할
수 있다. 나는 큰돈은 아니지만, 미국 주식과 채권을 장기투자하
고 있다.

미국 주식을 선택한 이유

전 세계가 신종 코로나로 혼란해졌을 때 주식시장은 곤두박질쳤다. 투자 초기, 원자재(원유와 천연가스)에 단기로 투자하고 있었는데, 원유 수출국의 이권 다툼과 코로나 위기로 며칠 만에 증권계좌가 반 토막이 났다. 200만 원이 채 되지 않는 돈으로 매일 몇만 원씩 수익을 보며 한창 신이 나 있었는데, 날벼락을 맞은 느낌이랄까.

개미처럼 열심히 벌었던 1년여간의 수입이 단 며칠 만에 날아가 버렸다. 손실을 줄이려고 더 많은 돈을 넣는 속칭 물타기(하락한 가격에서 조금씩 매수하며 평균 매수 가격을 줄이는 방법)로 투자금이 더 커지고 나서는 결국 원자재 투자는 손실만 100만 원 이상을 기록하며 대단원의 막을 내렸다.

건진 게 있었다면, 시장에 위기가 닥쳤을 때 단기투자는 대처가 정말 쉽지 않다는 절절한 깨달음이었다. 더구나 내가 투자했던 원자재는 오래 가지고 가면 갈수록 비용이 발생하는 구조였다. 원자재 투자는 현물(현재가치)이 아니라 선물(미래가치)에 투자하는데 매월 발생하는 선물과 현물의 차이를 맞춰주기 위해 '롤오버 비용'이 발생하기 때문이다.

선물 가격엔 만기가 있다. 현물 가격이 만기일에 지금보다 높아질 거로 예상되면 선물 가격이 현물 가격보다 높게 형성된다. 선물에 투자하는 원자재 투자는 선물 만기일에 현물을 떠안지 않으려면 만기일마다 현재 선물 포지션을 청산하고 다음 월물로 이월해야 하는데, 이 과정에서 발생하는 비용이 롤오버다. 이러니 이월될 때마다 손실이 나는 것이다.

직장생활을 하면서 며칠 혹은 몇 주 만에 사고팔아야 한다는 압박감은 예상치 못한 큰 스트레스였다. 주식시장은 초보인 나는 물론이거니와 전문가 예측과도 달라 종잡을 수 없이 움직이곤 했다. 그때그때 매매 타이밍을 잡기란 절대 쉽지 않다. 좋다가도 갑자기 위기가 닥쳐 치솟거나 곤두박질치기도 하는 주식시장에서 단기투자는 분명한 한계를 가진다.

뼈아픈 실책 덕에 어떻게 하면 좀 더 리스크(위험)를 줄일 수 있을지 머리를 쥐어짜기 시작했다. 이때 얻은 결론이 '장기투자'다.

시시각각 움직이는 그래프를 보면 서둘러 사고팔고 싶은 조급증이 드는 게 사람 심리다. 물론 이른바 단타(단기투자)로 수익 잘 내는 사람들도 있지만, 전문가와 투자 경력자들이 장투(장기투자)를 강조하는 이유가 있다.

장기투자는 한마디로 한시도 가만히 있지 않는 시장의 변화에 예민하게 반응하는 것이 아니라 우량한 기업을 장기간 보유하는 전략이다. 물론 이때 보유해야 할 건 우량한 기업 주식이다. 내가 선택해야 할 기업은 트렌드에 발맞춰 변화를 시도하거나 세상이 아무리 변해도 계속 소비를 일으킬 효자 상품이 있어야 한다.

투자의 대가 워런 버핏이 한 유명한 명언이 있다. '10년 이상 주식을 보유하지 않을 거면 단 하루도 보유하지 말라!' 그만큼 주식투자는 시간 싸움이고, 10년 이상 보유하면 절대로 손해 보지 않는다.

장기투자는 국내보다 미국 주식에 더 안성맞춤이다. 많은 전문가가 국내 주식시장을 박스권이라고 표현하는데, 이 말은 주

식 가격이 사각형 모양의 박스에 갇혀 이 안에서 맴돌고 있다는
의미다.

박스권에서는 수익을 실현하려면 저점과 고점의 어느 지점을
파악하고 나서 재빠르게 단기로 치고 빠지는 기술이 적합하다.
물론 국내 주식 중 일부 우량주는 박스권을 벗어나 우상향하기
도 하지만, 국내 우상향 종목을 선별하며 관찰하기에는 많은 시
간과 노력이 필요하다.

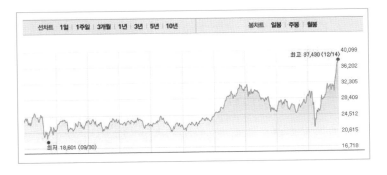

지난 10년 박스권을 맴도는 국내 코스피 지수

위 그림을 보면 국내 주식시장이 박스권임은 확인할 수 있다.
여기에서 코스피 지수는 국내 상장기업의 전체 값으로 이해하
면 된다.

주식시장에서 거래되는 기업은 상장기업 또는 '종목'으로 표현한다. 국내 주식시장엔 다양한 기업들이 있고 주식 가격은 하루에도 올랐다 내리기를 반복한다. 가령, 오늘 삼성전자라는 기업이 1,000원 오르고, SK하이닉스가 500원 내리고, 카카오가 2,000원 오르는 등 전체 기업의 오름과 내림 폭은 다양하다. 이런 전체 기업의 등락 폭에 각 기업의 시가총액[당일 종가(당일 주식시장이 마칠 때 가격)×상장주식 수]을 참고해 하나의 수치 형태로 나타낸 것이 코스피다. 위 차트는 이 수치를 시간순으로 연결해 만든 것이다.

코스피와는 달리 미국 주식시장은 장기 우상향(오른쪽으로 끊임없이 올라가는) 모양이다. 물론 단기적으로는 여러 번 오르고 내리기를 반복하지만, 길게 보면 계속 상승 중이다.

주식시장은 한 국가의 경제를 나타내는 얼굴이기에 국가 부도 사태나 발생해야 장기 우하향 모양이 나타난다는 우스개도 있다. 특히 미국 주식은 주식시장의 단기등락에 민감하게 반응할 필요가 없다.

또 미국 주식시장은 우리나라와 비교해서 세계 경제 흐름에 대해 변수가 적다는 점도 안정적으로 평가된다. 한국이 수출주도형 경제라는 말을 많이 들어봤을 것이다. 우리나라 주식시장은 미국, 중국, 일본은 물론 북한의 정치경제에 민감하고, 세계 경제 이슈에 큰 영향을 받아 투자에서는 상대적으로 불안정하다.

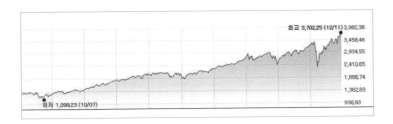

최고 3,702.25 (12/11) 3,982.36
3,458.46
2,934.55
2,410.65
1,886.74
1,362.83
838.93

최저 1,099.23 (10/07)

장기 우상향하는 미국 S&P지수(10년 추이)

미국 주식시장에서는 'S&P지수'를 쓰는데, 국내 코스피 지수와 같은 성격으로 미국 기업의 주가 변동 흐름을 파악하는 수치다. 위 차트도 산출된 수치를 점으로 연결해 그래프로 만든 것이다.

주식투자는 예금이나 적금처럼 원금 보호가 되지 않는 리스크가 있다. 초보 투자라면 급하게 써야 할 돈을 투자금으로 해서는 안 된다. 그러면 단기적인 주가 등락에 예민하게 반응하게 되고, 원금이 손실 나는 구간으로 접어들면 손실 회피 심리가 작용해 결국 손해만 본 채 팔고 나오는 일이 발생하기 때문이다. 급하지 않은 돈, 여윳돈으로 장기간 투자해야 한다.

나의 미국 주식투자 상황은 아래와 같다. 코로나 위기로 50% 이상 급락했다가, 몇 달 뒤 손실을 회복하고 이익이 발생했다.

No	투자종목	주수	매입가	투자금액	평가손익	수익률
1	애플	32	94,659	3,029,088	908,681	29.99%
2	TLT(21년이상 채권)	9	197,762	1,779,858	- 176,808	9.93%
3	리얼티인컴(O)	10	79,710	797,100	- 141,868	-17.79%
4				-		
5				-		
6				-		
7				-		
8						
9						
10						
11				-		
총투자금액						5,606,046

총평가손익	590,005

나의 투자일지

미국 주식 스타트

"미국 주식에 투자하고 있는 지성적인 여자를 만나다니. 정말 영광이야." 크지 않은 돈이지만 미국 주식에 투자한다고 하니 한 커뮤니티에서 열광적인 반응을 보였다. "어떻게 하는 거냐?" "국내 주식투자도 모르는데 나도 배우고 싶다" 같은 질문이 쏟아졌다.

동학개미운동 같은 말이 등장할 때였지만, 우리 커뮤니티 멤버는 대부분 어떻게 주식투자를 시작해야 하는지 몰랐다. 게다가 미국 주식이라니 위화감도 드는 모양이었다.

미국 주식을 시작하려면, 우선 증권사의 증권계좌를 만들어야 한다. 증권사 계좌는 영업 지점을 방문하는 대면 방식과 온라인으로 직접 만드는 비대면 방식이 있다. 요즘은 모바일로 간단히 신분증만 촬영하고 증빙하면 쉽게 만들 수 있다. 증권계좌 중에서도 미국 주식 거래가 가능한 계좌를 열어야 한다.

어떤 증권사는 계좌를 최초로 개설할 때 혜택을 주기도 한다. 나는 평생 수수료 무료 혜택을 주는 ○○증권사에서 계좌를 텄다. 미국 주식을 매수하거나 매도할 땐 보통 0.25% 수수료가 발생하는데, ○○증권사는 이 수수료를 평생 없애주겠다며 이벤트를 건 것이다. ☆☆증권사에서는 미국 주식 1주를 무료로 주는 이벤트를 열고 있었다. 증권사마다 경쟁적으로 이벤트를 여는 덕에 쏠쏠한 혜택을 챙기며 시작할 수 있다.

한 증권사에서 주식 계좌를 1개 개설하고 나면 바로 다른 계좌는 만들 수 없다. 20일(영업일 기준) 다(多)계좌 개설 제한 때문이다. 20일 동안 복수의 계좌를 만들지 못하는 규제는 주식 계좌뿐만 아니라, 전 금융사에 적용된다.

미국 주식 거래가 가능한 증권계좌를 만들고 난 후 주식을 사려면 두 가지 방법이 있다. 원화를 달러로 환전해 매수하거나 미국 시장이 열릴 때 즉시 매수하는 것이다. 자신에게 편한 거래를 선택하면 된다.

첫째는 증권사 MTS(모바일 거래 시스템)에서 직접 환전하는 방법이다. 모바일 플랫폼에서 클릭만 하면 되므로 무척 간편하다. 익숙지 않다면 증권사 해외거래 고객센터에 전화해 환전하면 된다.

환전에는 일정 비율로 수수료가 발생하는데, 증권사별로 달러 우대 환율이 있어 증권사마다 고객별로 다른 환율이 적용된다. 환전 가능 시간은 영업일 오전 9시~오후 4시까지다.

모바일증권 나무 달러 환전창

둘째는 원화로 직접 매수하는 방식이다. 미리 달러로 환전할 때보다 우대 수수료 이율이 낮고, 당일 환율 다음 날 환율을 기준으로 삼아 불리할 수도 있다. 또 금요일 미국 주식 거래라면 다음 날이 휴일이므로 원화로 직접 살 수 없다.

미국 주식 거래를 한 지 얼마 되지 않았을 때다. 금요일에 미국 주식을 사려고 매수 버튼을 줄기차게 눌러도 실행되지 않아 몇 시간을 끙끙댔다. 알고 보니 다음날이 휴일이어서 원화로 직접 살 수가 없었던 것이다.

"금요일은 원화 매수가 안 되네. 결국, 못 샀지 뭐야~" 역시나 같은 경험을 한 지인이 있었다. 금요일이나 혹은 다음 날이 휴일일 때 미국 주식을 거래하려면 반드시 원화를 달러로 환전해 두어야 한다.

드디어 미국 주식을 사보기로 한 날.

주식을 사려면 먼저 종목 차트에 진입해야 한다. 내가 거래하는 증권사에서는 다음과 같은 절차가 필요하다.

모바일 거래 시스템(MTS) 첫 화면을 연다. 왼쪽 맨 아래 전체 메뉴를 클릭한다.

모바일증권 나무 MTS

해외주식 아래 범주에 '해외주식 주문'을 클릭한다.

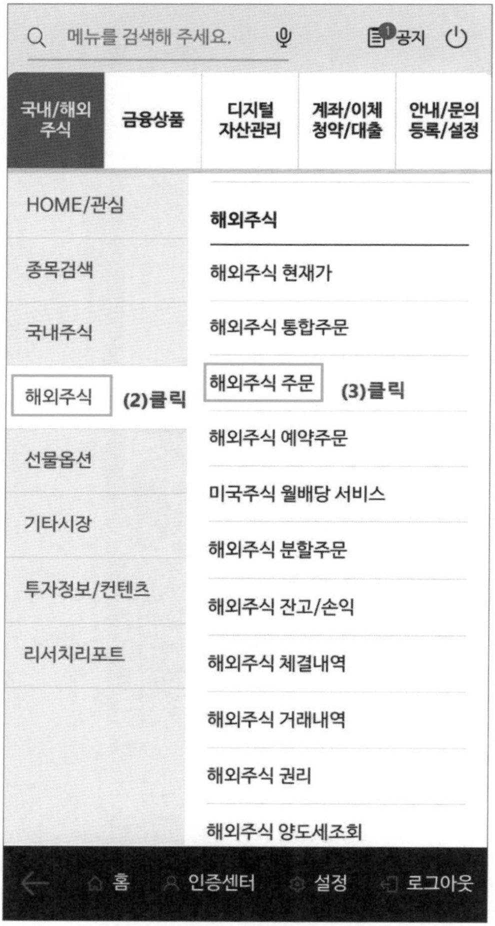

종목 창 하나가 열리는데, 이건 신경 쓰지 말고 맨 위 종목검색(◿)을 눌러 주식 종목을 고를 수 있는 검색창으로 이동한다.

해외주식 아래 검색창에 선택한 종목을 입력한다.

애플을 검색해 해당 종목 창으로 들어왔다.

특정 주식 이름을 치고 들어간 창에는 여러 항목이 보이는데, 증권사마다 이 항목들은 다르다. 다만 '주식현재가'라는 탭은 대부분 증권사에서 볼 수 있는데, 여기에서 차트를 확인한다. 차트를 클릭하고 들어가 본다.

차트 상단과 하단에 숫자와 날짜가 쓰여 있다. 주별 가장 가격이 높았던 종가(당일 주식 거래가 끝났을 때 가격)와 날짜, 그리고 주별 가장 가격이 낮았던 종가와 날짜를 표시해놓은 것이다.

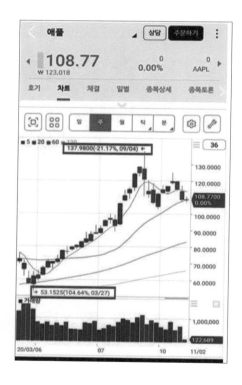

최근 2020년 9월 4일 137.98달러가 최고가이며, 2020년 3월 27일 53.1525달러가 최저가임을 확인할 수 있다.

일별 종가를 확인하는 '일별 현재가 창'으로 들어간다. 이 차트에서 일자별로 얼마나 하락하고 얼마나 올랐는지를 확인한다. 미국 주식 장기투자에서 매수 타이밍은 중요하지 않지만, 가격이 좀 더 저렴할 때 사는 것이 더 많은 주식을 보유하는 데 유리하다.

일별 가격이 파란색(가격이 하락할 때)일 때 매수한다. 소위 불장(강세)이라 해서 빨갛게 오르고 있을 때는 되도록 매수하지 않도록 한다.

화면 오른쪽 위에 주문하기 버튼을 누르면, 아래 그림처럼 매수할 수 있는 창이 뜬다.

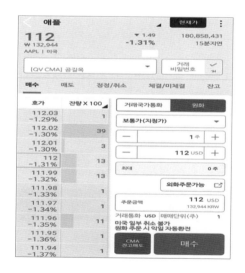

사려는 주식 수를 클릭하고, 매수 가격을 입력한다. 매수 때는 실시간으로 변하는 가격 창을 보며 현재가보다 조금 낮춰서 매수 가격을 입력한다. 그러고 나서 매수 버튼을 누른다.

처음 미국 주식을 시작했을 때 멘붕이 찾아온 적이 있다. 그땐 가격 입력하고 매수 버튼만 누르면 바로 주식 1주가 체결되는 줄 알았다. 그런데 분명히 방금 매수 버튼까지 클릭했는데도 거래 내역이 없다고 나오는 것이었다. 잔고를 봐도 이전 그대로였다. 결국, 첫 거래는 허사가 되고 말았다.

다음날 투자 선배들에게 물어 보니 가격을 터무니없이 낮게 걸었던 데 실패의 원인이 있었다. 체결 가능한 금액을 넣고 나서야 마침내 미국 주식 1주를 살 수 있었다.

직접 매수 가격을 입력하지 않고 '시장가'를 선택해도 되는데, 이 시장가는 현재 체결되고 있는 가격이라 당일 거래되는 최저가보다 조금 비싸거나 저렴하게 매수할 수 있다. 지정가격으로 도저히 매수가 되지 않는다면 '시장가'로 해보자. 화면에 보통가 (지정가)를 클릭해 콤보박스를 내리면 시장가로 바꿀 수 있다.

미국 주식시장의 거래 시간은 한국 시각으로 23:30~06:00까지다. 서머타임이 적용되면 1시간 앞당겨진다.

우리가 보통 자고 있을 때 미국 시장이 열리므로 미국 주식에 투자한다면 피곤함을 호소할 수도 있다. 이때는 증권사별 예약 매수, 예약 매도 기능을 이용해 예약을 걸어놓고 자면 된다. 다음 날 아침에 깨보면 체결된 계약을 확인할 수 있다.

미국 주식은 한 주당 가격이 국내 주식보다 비싼 경우가 흔하다. 특히나 우량주일수록 기본 10만 원 이상 훌쩍 넘어서기도 한다. 가지고 싶어 한동안 노심초사했던 '아마존'은 한 주당 가격이 보통 300만 원 이상이었다. 웬만한 직장인 월급에 육박하니 도무지 엄두가 나지 않았다.

일명 '저세상 주식을 살 방법이 없을까?' 고민 끝에 알아낸 노하우가 1,000원 이상 간식비 매매 방식이다. 국내 증권사 2곳 (신한금융투자, 한국투자증권)에서 자투리 금액으로도 미국 주식 투자가 가능하도록 소수점 매매, 1,000원 이상의 간식비 매매 방식을 만들었다. 소액으로 투자할 수 있으니, 얼마든지 저세상 기업의 소액 주주가 될 수 있다.

1. 1,000원 이상 간식비 미국 주식 매매

한국투자증권(해외주식 고객센터 02-3276-5300)

- 미니스탁이라는 앱을 깐 뒤 계좌를 연계하고 주식 계좌를 만든다. 미국 주식 개별종목 우량주 투자 가능. 테마별로 섹션이 구성돼 검색 간편
- 24시간 매수·매도 가능. 단, 매수·매도는 실시간 거래가 아니라 펀드처럼 하루 기준으로 함. 다음날 새벽에 체결. 단기투자보다는 적금처럼 모아갈 장기투자에 적합
- 수수료 : 매수·매도 시 각 0.25%
- 원화로 매수(달러 매수 불가)

2. 소수점 미국 주식 매매

신한금융투자증권(해외주식 고객센터 02-3772-2525)

- 신한금융투자증권의 증권사 앱에서 소수점 매매 클릭 후 진행. 미국 주식 개별종목 우량주 투자 가능
- 소수점 주문 및 취소 시간 : 오전 8시~오후 9시
- 거래일 평균 가격으로 매수 체결
- 0.01주 단위로 주문할 수 있으며, 최소 주문금액은 4달러
- 수수료 : 매수·매도 시 각 0.25%
- 달러로 매수(원화를 달러로 자동 환전. 보유한 달러가 있으면 달러로 매수 가능)

미국 주식 잘 고르는 비결

미국 주식투자는 장기투자 전략에 걸맞다. 앞에서도 말했지만, 장기투자는 공격적으로 사고 팔아 수익을 올리려는 목적이 아니라 오랫동안 계속 주식을 모아 두는 전략이다. 특히나 미국 주식투자 초보라면 우량주에 집중한다.

최적의 우량주를 선택하려면 시가총액 1~3위 기업에 집중한다. 세계적으로 1~3위 기업은 앞으로도 잘나갈 확률이 높다. 아래 표는 세계 기업들의 시가총액 순위다. 실시간으로 세계 기업들의 시가총액 순위 변동을 잘 보여준다. 랭킹 1~3위 기업을 눈여겨보자.

Symbol ⬍	Company ⬍	Cap Rank ⬍ 11-4-20	Market Cap ⬍ 11-4-20	1d Chg ⬍ 11-4-20	1m Chg ⬍ 11-4-20	12m Chg ⬍ 11-4-20
AAPL	Apple	1	1,965.6	4.1%	1.7%	78.6%
MSFT	Microsoft	2	1,636.0	4.8%	4.9%	49.7%
AMZN	Amazon	3	1,626.3	6.3%	3.7%	79.6%
GOOGL	Alphabet	4	1,182.0	6.1%	19.9%	35.4%
FB	Facebook	5	818.5	8.3%	10.6%	47.6%
BRK.A	Berkshire Hathaway	6	492.5	-0.4%	-2.5%	-5.3%
TSM	Taiwan Semiconductor	7	463.9	2.0%	10.7%	67.2%
V	Visa	8	412.7	3.0%	-3.7%	8.4%
WMT	Walmart	9	402.3	-0.6%	1.0%	20.7%
TSLA	Tesla	10	392.3	-0.7%	1.4%	563.0%
JNJ	Johnson & Johnson	11	367.0	0.6%	-4.7%	7.0%
PG	Procter & Gamble	12	347.3	-0.4%	1.8%	18.1%
NVDA	NVIDIA	13	340.4	6.0%	5.6%	162.1%
UNH	UnitedHealth	14	336.4	10.3%	13.6%	41.1%
MA	Mastercard	15	306.3	4.0%	-9.3%	11.2%
JPM	JPMorgan Chase	16	305.6	-3.1%	2.4%	-22.2%
HD	Home Depot	17	304.3	1.9%	1.2%	20.3%
VZ	Verizon	18	236.8	-0.9%	-3.4%	-4.4%
ADBE	Adobe	19	233.7	7.3%	1.7%	75.6%
CRM	Salesforce	20	228.2	5.7%	1.2%	59.1%
PYPL	PayPal	21	228.1	8.1%	1.2%	89.0%
DIS	Disney	22	226.0	0.8%	2.1%	-5.9%
NFLX	Netflix	23	219.6	2.0%	-1.2%	69.7%
KO	Coca-Cola	24	211.3	-0.4%	-0.4%	-7.5%
PFE	Pfizer	25	207.4	3.2%	2.6%	-1.8%
BAC	Bank of America	26	204.9	-4.1%	-2.2%	-26.9%
MRK	Merck	27	203.9	4.8%	-0.2%	-3.9%
TMO	Thermo Fisher Scientific	28	202.5	4.0%	17.4%	69.9%
CMCSA	Comcast	29	199.9	2.5%	-3.2%	-0.4%
NKE	Nike	30	199.9	2.2%	0.6%	41.7%
ABT	Abbott Laboratories	31	197.5	1.8%	4.7%	35.6%
T	AT&T	32	192.7	-1.5%	-5.7%	-30.5%
NVS	Novartis AG	33	191.7	3.3%	-4.3%	-4.7%
PEP	Pepsi	34	190.5	0.6%	-0.1%	2.0%
TM	Toyota	35	187.6	-1.3%	1.8%	-4.6%
INTC	Intel	36	187.3	1.9%	-10.4%	-20.7%
DHR	Danaher	37	170.9	2.5%	13.2%	77.9%
ORCL	Oracle	38	169.9	-0.5%	-4.0%	1.9%

출처 : https://www.dogsofthedow.com/largest-companies-by-market-cap.htm

이마저도 자신이 없다면, ETF를 매수하면 된다. 시가총액 1~3위 기업들을 개별종목이라 한다면, ETF는 공통분모가 있는 집합체를 만들어 하나의 종목으로 만든 것이다. 예를 들어 애플이라는 한 기업을 선택해서 투자한다면 이건 개별종목 투자다. ETF는 애플이 몇 프로, 마이크로소프트가 몇 프로, 아마존이 몇 프로 하는 식으로 IT라고 하는 공통분모가 있는 기업을 골고루 섞어 종합선물세트로 구성한 것으로 한 주로 여러 기업을 사는 효과를 보게 된다. 많은 전문가가 강조하는 분산투자가 저절로 되는 셈이다.

분산투자는 여러 개의 계란을 한 바구니에 모두 담지 않고 여러 개로 나눠 담아 위험을 줄이는 주식 전략이다.

워런 버핏이 아내에게 남긴 선(先) 유언 중 하나가 '내가 죽으면 현재 자산을 모조리 개별주식에서 SPY라는 미국 주식시장을 대표하는 500개 기업의 집합체인 ETF에 투자하도록 해요.'이다. 투자에 무지한 아내가 계속해서 안정적인 수익이 날 믿음직한 방법으로 ETF를 꼽은 것이다.

투자에서는 버는 것보다 잃지 않는 것이 먼저다. 그래서 리스크를 관리해야 하는데, 분산투자처럼 성격이 전혀 다른 투자에도 관심을 기울이면 위험이 그만큼 감소한다.

주식만이 아니라 주식과 거의 반비례 관계인 채권도 함께 투자하는 일이 여기에 해당한다.

채권 투자는 미국 주식투자와 똑같다. 채권 종목명을 검색한 후 사거나 팔 수 있다. 코로나가 닥쳐 위기에 빠졌던 주식시장을 경험한 나는 정말 운이 좋게도 미국 주식뿐만 아니라 채권에도 거의 1:1 비율로 투자해 놓았었다.

처음 미국 주식에 투자했을 당시만 해도 미국 시장은 승승장구했다. 1주만 있어도 수익이 크게 나던 때다. 그에 반해 채권 수익률은 지지부진하게 오르거나 마이너스일 때가 비일비재했다. 다른 사람들처럼 미국 주식을 하나라도 더 사고 싶은 유혹이 컸지만, 용케 잘 참았던 건 신의 한 수가 됐다.

코로나발 미국 주식시장의 대폭락장에서 내가 들고 있던 주식들은 거의 며칠 만에 반 토막이 됐다. 그러나 그토록 지지부진하던 채권이 20% 이상 수익을 내주면서 주식의 손실을 메꿔 주었다. 공포의 주식 '바이(BUY)' 행렬에서도 나는 의연하게 사태를 비껴갈 수 있었다.

위기 시장을 경험하면서 대가들 운용방식이 궁금했다. 그중에서도 '레이달리오의 4계절 포트폴리오'는 계절별 리스크를 모두 방어할 투자 포트폴리오라고 생각한다. 포트폴리오는 여러 투자를 섞는 일이라고 이해하면 된다.

투자금액	₩ 10,000,000			

NO	구성	비율	예시 종목	금액
1	미국 주식	30%	개별종목, ETF	₩ 3,000,000
2	채권(20~25년채)	40%	TLT	₩ 4,000,000
3	채권(7~10년채)	15%	IEF	₩ 1,500,000
4	원자재	7.5%	가스, 원유ETF	₩ 750,000
5	금	7.5%	금 KRX	₩ 750,000

레이달리오 분배방식

레이달리오는 투자금액을 주식에 30%, 20~25년 장기 채권에 40%, 7~10년 채권에 15%의 비율로 담으라고 한다.

대표적인 20~25년짜리 채권은 TLT(티커명), 7년~10년 채의 채권은 IEF(티커명)를 들 수 있다. 나머지는 천연가스와 원유 ETF 등 원자재에 7.5%, 금에 7.5%의 비율로 구성한다.

위에서 말하는 티커명은 일종의 닉네임, 줄임말이라고 보면 된다. 개별종목뿐만 아니라 ETF 정식 이름을 보면 긴 영어가 많다. 이렇게 긴 종목명을 일일이 검색하는 게 쉽지 않으므로, 편리하게 사용하려고 닉네임을 만들어 둔 것이다.

레이달리오의 분배방식을 참고해 자신만의 4계절 포트폴리오를 만들면 리스크 관리에 효율적이다.

1. 세계 기업들의 시가총액 실시간 확인 사이트

www.dogsofthedow.com/largest-companies-by-market-cap.htm

2. 투자대상에 따른 ETF

-3X	-2X	-1X	투자대상	1X	2X	3X
SPXU	SDS	SH	S&P 500	SPY	SSO	UPRO
SQQQ	QID	PSQ	나스닥 100	QQQ	QLD	TQQQ
SDOW	DXD	DOG	다우존스	DIA	DDM	UDOW
TZA	TWM	RWM	Russell 2000	IWM	UWM	TNA
YANG	FXP	CHAD	중국	ASHR, GXC, MCHI, FXI	CHAU	YINN
	EWV		일본	EWJ, DXJ, FLJP	EZJ	
			홍콩	EWH		
			베트남	VNM		
			인도	INDA		INDL
			러시아	RSX		RUSL
	BZQ		브라질	EWZ		BRZU
	GLL	DGZ	금	GLD, IAU	DGP	
	ZSL		은	SLV	AGQ	
			원자재	DBB		
	SCO		원유	USO	UCO	
	KOLD		천연가스	UNG	BOIL	
			농산물	DBA		

TMV	TBT	TBF	US 20yr Treasury	TLT	UBT	TMF
TYO	PST	TBX	US 7-10yr Treasury	IEF	UST	TYD
			US 3-7yr Treasury	IEI		
			US 1-3yr Treasury	VGSH		
			Corporate Bond	LQD		
		SJB	High Yield	JNK	UJB	

1) 1X, 2X, 3X는 투자 배수를 의미한다. 1X는 투자하는 대상 ETF가 오르면 1배, 2X는 2배, 3X는 3배 오르는 것이다.

2) -3X, -2X, -1X는 반비례 투자 방식이다. -1X는 투자하는 대상 ETF가 내려가면 1배, -2X는 2배, -3X는 3배 오르는 것이다.

3) S&P 500은 미국 주식시장을 대표하는 500개 기업, 나스닥 100은 미국 기술 시장을 대표하는 100개 기업, 다우존스는 미국 주식시장에 상장된 30개의 우량기업을 말한다.

6) Russell 2000은 미국에서 제일 규모가 큰 3,000개 기업 중 규모가 작은 회사부터 2,000개의 회사를 말한다.

7) 뒤에 Treasury가 붙는 것들은 채권(국채)이다. 비교적 안정적이다.

8) corporate bond는 회사채를 뜻한다. 기업이 운영자금을 조달하기 위해 발행하는 채권이다.

9) High Yield는 고수익, 고위험 채권을 뜻한다.

최적의 타이밍은 없다

　사긴 샀는데, 언제 팔아야 할지 궁금하다. 투자로 수익을 내는 방법은 간단하다. 내가 살 때보다 팔 때 가격이 높으면 된다. '무릎에 사서 어깨에 팔라'라는 유명한 격언도 있다.

　그러나 초보 투자자라면 더욱더 최적의 타이밍을 잡기란 불가능에 가깝다. 이 때문에서도 장투가 정답이다. 장기투자에서 타이밍은 그다지 큰 의미가 없다.

　장투에서는 '목표 수익률'이 매우 중요하다. 목표 수익률이 없으면 욕심이란 게 끝이 없기에 '조금만 더 더 더!'하다가 매도 시점을 놓치게 되는 경우가 흔히 생기기 마련이다.

'목표 수익률'에 해답은 없다. 어떤 투자자는 시중은행 금리보다 조금 높게 정할 수 있고, 또 어떤 투자자는 몇십 프로 이상 고(高)수익을 노리기도 한다. 내 성향에 맞게 '목표 수익률'을 정해봐야 한다.

미국의 유명한 공포·탐욕 지수(Fear&Greed Index)는 매수와 매도 시 기준으로 삼을 만하다. 아래 그림은 미국 시장의 공포와 탐욕을 지수로 평가한 지표인데, 매수와 매도 시 참고하면 유용하다.

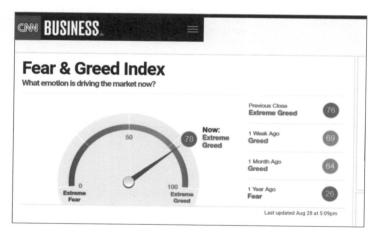

money.cnn.com

78이 보이는 NOW는 현재 지수를 뜻한다. 이 수치를 집중해서 보면 된다. 이 지수가 20에 가까워졌을 때 매수 시점이 다가왔다고 본다.

반대로 80에 가까워지면 매도 시점에 이르렀다고 감을 잡는다. 과거 80에 가까워졌을 때, 그 이후 주가가 하락했던 적이 많았다. 확률적으로 그렇다는 말이지, 시장이 반드시 그렇게 흘러가는 건 아니니 이 지표는 참고용으로 삼자.

사고파는 한 가지 전략만 명심하자.

꼭 나눠서 사거나(매수) 팔아야(매도) 한다. 주가는 실시간으로 변해서 현재가가 최적의 가격이라고 볼 수 없기 때문이다. 분할 매수나 분할 매도를 한다는 의미는 이렇다.

주식을 3주 매도한다고 가정하면 100달러에 3주를 모두 팔지 않고, 100달러 1주, 101달러 1주, 102달러 1주 이렇게 각각 3건으로 나눠서 한다. 한꺼번에 3주를 매도했을 때보다 분할 매도하면 조금 더 높은 수익을 기대할 수 있다.

나는 미국 주식에 장기로 투자하면서 팔기보다 사는 데 우선순위를 두고 있지만, 초보 투자자라면 자신만의 목표 수익률에 도달하면, 과감하게 팔라고 권하고 싶다.

한마디 더, 팔 때는 주식 가격이 상승하고 있을 때 해야 한다. 기억하자! 주식은 하락하고 있을 때 사고, 상승하고 있을 때 팔아야 한다.

어떤 우량한 주식이라도 너무 높은 가격에 사면, 상투(머리 꼭대기)를 잡는 격이 된다. 반대로 우량주도 세계 경제 위기에 닥치거나 예기치 않은 (코로나 같은) 사태를 맞으면 급하락은 피할 수 없고, 이때가 매수 최적기가 된다. 치를 떠는 공포를 기다릴 것!

세금은 복병이게 아니게?

"이렇게나 많은 세금을 떼는 줄 알았다면, 미리 전략이라는 것을 세웠을 텐데 아쉬워요!" C 씨는 올해 미국 주식 매도로 양도소득세를 물게 됐다며 볼멘소리를 했다. 주식 매도에 따른 세금을 예상하지 못했던 것이다.

세금이라면 머리가 지끈거린다고 호소하는 초보 투자자들이 많다. 어렵다고 생각해서 건성으로 넘기기 쉬운데, 세금은 수익과 바로 직결되기 때문에 꼼꼼히 따져봐야 한다.

우리가 점검해야 할 세금은 몇 개만 기억하면 충분하다. 양도소득세, 배당소득세, 금융소득종합과세, 그리고 건강보험료 피부양자 요건이다.

미국 주식은 매도한 이익에 양도소득세를 부과한다. 단, 연 250만 원까지는 세금을 부과하지 않고 연 250만 원을 초과하는 금액에 주민세를 포함해 22%를 매긴다.

예를 들면, A라는 주식을 1,000만 원에 매수하고 2,000만 원에 매도한다고 하자. A주식의 매매 손익은 1,000만 원이다. 여기서 연 250만 원이라는 금액은 세금을 부과하지 않으므로, 1,000만 원에서 250만 원을 뺀 750만 원이 과세 대상이다. 올해 납부할 양도소득세를 계산하면 165만 원(750만 원×22%=165만 원)이 나온다.

미국 주식 중 배당하는 기업이 있다. 기업 이익을 주주들에게 배분해주는 절차로 배당금에도 세금이 붙는다. 이때는 15.4%의 세금이 미리 떼진 채로 배당된다.

금융소득종합과세가 있다. 다른 금융소득과 합산해 연 2천만 원이 넘으면 금융소득종합과세 대상이 된다. 미국 주식 매매차익에 대해서는 양도소득세를 따로 부과하므로 금융소득종합과세 대상이 되지 않지만, 미국 주식에서 들어오는 배당금에는 금융소득종합과세 대상이 되어, 다른 금융소득과 합산해 연 2천만 원이 넘으면 세금을 내야 한다.

뜻밖의 복병에 유의해야 한다. 건강보험 피부양자 자격요건이다. 2년 만기 혹은 3년 만기 예·적금 상품에 가입했는데, 만기일 시점에 한꺼번에 이자를 받아 건강보험 피부양자에서 제외됐다는 주변 경험담을 듣곤 한다.

피부양자에서 제외되면, 건강보험 지역 가입자로 변경된다. 이때 피부양자로 가입되었을 때 내지 않아도 됐던 건강보험료가 부과된다. 적게는 매월 몇만 원에서, 많게는 몇십만 원까지 당사자에 따라선 폭탄이 될 수 있다.

2018년 7월 이후부터 강화된 건강보험 피부양자 자격요건 2가지를 투자 시 참고하자.

1. 소득요건 강화. 피부양자가 금융소득(이자+배당), 공적연금소득(국민연금, 공무원연금, 군인연금, 사립학교교직원연금 등), 근로+기타소득을 합산해 연 3,400만 원을 초과하면 피부양자 요건에서 제외된다.

2. 피부양자가 5억4,000만 원을 초과하는 재산과 연 소득 1천만 원이 초과하면 피부양자 요건에서 제외된다.

물론, 절세 방법은 있다. 연말 기준으로 손실이 나는 주식이 있을 때 이를 매도하면 도움이 될 수 있다. 양도소득세는 양도차익과 손실을 합산해 부과되기 때문이다.

가령, A주식에서 1,000만 원의 손익이 발생했고, B주식에서 750만 원의 손실이 발생했다면, 양도소득세는 0원이다. 원래 1,000만 원에서 750만 원을 뺀 250만 원이 양도소득세 대상이지만 연간 250만 원까지 비과세이므로 0원이 나오는 것이다.

부부라면, 각자 명의로 분산해 양도소득세와 금융소득종합과세 대상에서 벗어나 절세 효과를 볼 수 있다.

금은방에서 사면 안 되지 말입니다!

"네? 이 금 한 돈이 18만1,000원이라고요? 말도 안 돼요."

금값이 천정부지로 솟고 있다면서 미디어에서 기사를 쏟아낼 때였다. 마침 몇 년 전 신랑에게 결혼기념일 선물로 받았던 금 한 돈이 생각나 금은방에 들고 가서 팔려고 했다. 당시 금 한 돈 시세는 20만 원인데, 왜 이런 일이 벌어진 것일까? 심지어 내가 선물로 받았을 시점의 금 한 돈 시세는 정확히 18만3,000원이었다. 금값이 올랐으니 더 받아야 하는데, 오히려 손해를 보고 파는 꼴이다.

알고 보니 금은방에서 판매하는 금의 소매 가격은 천차만별이었다. 금값이 아무리 올라도 소매점이 부르는 게 값이다 보니 제값 받고 사고팔기란 언감생심이다. 게다가 부가가치세 10%는 또 웬 말?

금을 귀히 여긴다고 집안 깊숙이 보관하면 착색의 위험이 있다는 사실도 그제야 알았다. 금 착색으로 색 변조에 따른 4,000원을 따로 냈다. 저렴하게 받겠다는 말과 함께….

금은방에서 금을 사고파는 것은 바보 같은 짓이다. 특히 그것이 금 재테크라면 투자 수단으로 활용해서는 절대 안 된다.

경제가 불안하다고 느낄 때 사람들은 금 투자에 큰 관심을 기울인다. 금에 투자했다면서 금은방에서 금 몇 돈을 샀다느니 하는 대화가 은근히 많다. 이런 분들에게 실제로 도움 될 수 있는 금 투자 방법을 소개하고자 한다.

금 투자에는 다양한 갈래가 있다. 우선 아래 표를 참고해보자.

투자 방법		KRX 금시장	KRX 금 신탁상품	금 ETF	골드뱅킹	금은방 등
주요 기업		10개 증권사 (한투, 키움, 삼성 등)	2개 시중은행 (국민, 기업)	자산운용사 (삼성, 미래 등)	3개 시중은행 (신한, 국민, 우리)	사설 유통업체 (삼성금거래소, 한국 금거래소 등)
상품 개요	상품 특징	국가 공인 유일한 금 현물시장	KRX 금시장 투자 상품	주식시장에서 거래되는 ETF 상 품	국내 금 투자 상품	사설 금 유통업체 가 판매
	거래 대상	99.99% 골드바	99.99% 골드바 (KRX 금시장)	금 선물지수 (S&P GOLD Index 등)	99.99% 골드바 (국내 브랜드 금)	순도 다양한 골드바 (유통업체 보유)
	거래 단위	1g 단위 (5만 원 내외)	예·적금 상당량을 1g 단위로 매입	1좌 (1만 원 내외)	예금액 상당량을 0.01g 단위로 매 입	다양한 형태 (반지, 열쇠) 및 중량(1돈, 10g, 100g, 500g 등)
	매매 가격	KRX 금시장 가격	KRX 금시장 가격	주식시장 가격	은행 고시가격	업체 판매가격
	거래 방법	주식처럼 HTS, 스마트폰 이용	은행에서 예·적금처럼 저축	주식처럼 HTS, 스마트폰을 이용	은행에서 예·적 금처럼 저축	일반 금은방에서 실물 직접 구매
차 익 거 래	매 입 거래 수수료	0.3% (증권사 수수료 포함)	1.3%	0.68~1.005%	1.0%	
	매 도 거래 수수료	0.3% (증권사 수수료 포함)	0.3%	0.03%	1.0%	- (인출형)
	매매 차익	-	-	배당소득세 (15.4%)	배당소득세 (15.4%)	
실물 인출 거래	매매 수수료	0.3% (증권사 수수료 포함)	- (비인출형)	- (비인출형)	4~5%	업체마다 상이
	부가세	10%			10%	10%

먼저 KRX 금시장 거래 방법이다. KRX는 '한국 금 거래소 시장'을 뜻하는 약어로 국가에서 공신력 있게 금 거래를 승인해, 금 거래가 투명하게 이루어질 수 있도록 관리한다.

매입, 매도 시 각각 0.3%의 수수료만 내면 매매차익에 다른 수수료가 없다. 매매차익에도 세금이 없다는 점이 가장 큰 이점이다.

KRX 금 거래는 주식처럼 원하는 때, 원하는 가격으로 할 수 있다. 단위는 1g인데, 1g의 거래 가격은 10만 원 미만에서 형성돼 있다.

KRX 금 거래는 실물인 골드바를 찾을 수 있다는 점이 매력적이다. 이 골드바를 찾을 때는 매입수수료 0.3%와 부가세 10%만 내면 된다.

KRX 금 신탁상품은 2개 시중은행(국민, 기업)에서 취급한다. 1g 단위로 매입하는데, 예·적금처럼 저축 형식이다. 수수료는 매입 시 1.3%, 매도 시 0.3%로 KRX 금 거래보다 약간 높다. 골드바로 찾을 수는 없다.

금 ETF는 주식시장에서 거래되는 ETF 상품을 말한다. 실물이 아닌 선물지수(미래가치) 흐름을 따른다. 주식처럼 실시간 거래가 가능하다. 수수료는 매입 시 0.68~1.005%, 매도 시 0.03%

이지만, 매매차익에 배당소득세 15.4%를 낸다.

부자들이 많이 선호한다는 골드뱅킹은 3개 시중은행(신한, 국민, 우리)에서만 취급한다. 예금액 상당량을 0.01g 단위로 매입한다. 은행에서 영업일에 고시하는 가격을 기준으로 예·적금처럼 저축한다. 매입, 매도 시 각각 1%의 수수료를 떼고, 매매차익에 배당소득세 15.4%를 매긴다. 실물로 찾을 때는 4~5%의 수수료와 부가세 10%를 낸다.

마지막이 금은방에서 하는 거래인데, 앞서 말한 대로 재테크 투자 수단으로 적합하지 않다. 돌 반지 같은 선물 용도로나 활용하자.

금 투자 방식은 1순위 금 KRX 거래, 2순위 금 ETF 거래다. 금 KRX는 매매차익에 세금이 없고, 비교적 저렴한 수수료를 매긴다는 큰 매력이 있다. 주식처럼 실시간 거래가 가능해 편리하고 효율적이다.

금 ETF는 매매차익에 배당소득세 15.4%를 내지만, 매입, 매도 시 수수료가 가장 저렴하다. 실시간 거래가 가능해 쉽게 접근할 수 있다.

달러 투자

달러 투자는 부자들이 세금 절세 차원에서 선호한다. 달러를 살 때보다 팔 때 발생하는 가격 차이(환차익)에 세금을 부과하지 않기 때문이다.

나는 육천플에서 달러 투자를 처음 접하고, 어렵지 않게 달러 외화 통장을 개설해 운용했다. 시중은행 영업 지점에 가서 입출금 통장 개설하듯이 신분증을 내밀고 외화 통장을 만들어 달라고 하면 된다.

달러는 안전자산 중 하나로 손꼽힌다. 달러 가격은 세계 경제가 침체기일 때마다 엄청나게 치솟는다. 그러다가 세계 경제가 호황기를 맞으면 다시 내려간다. 달러 가격이 하락할 때마다 달러를 분할 매수해 사두고, 침체기일 때 다시 팔면 수익이 발생한다.

지금이 경기 침체기인지 아닌지 구분하고 싶으면 실시간으로 나오는 경제 뉴스에 주목해 보자. 매스컴에서 환율이 최저가라거나 최고가라고 친절하게 정보를 준다. 혹은 네이버 검색창에 달러를 검색해 5년간 그래프를 찾아보면 현재 달러 가격이 비싼지 아닌지 한눈에 파악할 수 있다.

달러는 여러 루트로 투자할 수 있다. 초보라면 외화 통장 개설이 제일 만만하다. 시중은행마다 거래 실적에 따라 환율 우대 조건이 다르므로 이를 확인하고 개설한다. 환율 우대란, 우대 수수료율 조건이다. 환전에는 수수료가 발생하는데, 이 수수료가 할인된다고 보면 된다.

달러 ETF 투자는 증권사 계좌에서 한다. 달러가 올라야 수익이 나는 상품과 달러가 떨어질 때도 수익이 나는 상품(인버스)이 있어서 양방향으로 투자할 수 있다.

경기 침체로 달러가 오를 때는 달러가 오를 때 수익이 나는 상품에, 경기 호황기로 달러가 내려갈 때는 달러가 내려갈 때 수익이 나는 상품(인버스)에 투자하면 된다.

주식 종목 창에 '달러'로 검색하면, 다양한 달러 상품들이 나온다. 상품명 맨 앞에 붙은 신한, KODEX, KBSTAR, KODEX.

KOSEF, TIGER 등은 상품을 만든 운용사 이름을 딴 것이다. 주식 상품이 원활하게 작동할 수 있도록 운영해주는 곳이 운용사다.

검색된 상품을 클릭한 뒤에 주식현재가의 일별 탭을 클릭하면, 일별 거래량을 확인할 수 있다.

달러 ETF 상품을 살 때는 거래량이 많은 상품을 선택한다. 거래량이 많으면 매수, 매도 시 체결이 잘돼, 원할 때마다 거래할 수 있다. 거래량이 적어 매수, 매도 시 체결되지 않아 골치 좀 썩어봤다면 거래량의 중요성을 잘 안다.

상품 이름 뒤에 '레버리지' 혹은 '2X'가 붙어 있다면 신중할 것. 각각 수익도, 손실도 2배가 된다는 뜻이다. 레버리지나 2X 상품은 장기투자보다는 단기투자에 적합해, 시장에 민첩하게 대응해야 한다. 장기투자라면 레버리지나 2X가 붙지 않은 달러 상품을 선택한다.

ETF 상품은 한 주당 몇천 원대로 할 수 있어 금액 부담이 없고, 실시간으로 거래할 수 있어 매력적이다.

중위험, 중수익을 추구하겠다면 달러 ELS라는 투자 상품도 어울린다. 주가지수(코스피)를 기초자산으로 한다는 면에서는 일반 ELS와 같지만, 가입 기간 중 달러 가치가 오르면 환차익이 발생한다는 점이 다르다.

달러 연금은 달러로 투자해서 달러로 연금을 받는 일시납 상품이다. 기존 연금 상품은 수익률에 따라 매월 받는 연금액이 변동되지만, 이 상품은 매월 받는 연금액이 가입 즉시 확정된다.

외화RP는 안전한 국공채에 투자해 확정금리를 받을 수 있는 상품으로 증권사에서 가입할 수 있다.

　마지막이 미국 주식 직접 투자다. 미국의 유명한 글로벌기업 주식에 투자한 후, 달러 가치가 오르면 환차익까지 얻게 된다.

　위에서 소개한 다양한 달러 중 나는 미국 주식 직접 투자로 달러 투자를 겸하고 있다. 미국 우량주와 채권에 투자한 후, 주식 가치가 상승하면 달러 가치까지 덩달아 오르는 일거양득 효과를 얻는 것이다.

　초보 투자자라면, 위에 제시한 다양한 달러 투자법 중 외화통장과 미국 주식 직접 투자로 달러 투자를 시작하라고 권하고 싶다.

이것 모르고 공모주 투자했다가 큰코다친다

　'SK 바이오팜'의 공모 흥행으로 온 국민이 공모주를 주목하기 시작했다. 상장 후 3일간 3연상(3일 연속 상한가)을 기록하며 공모가 4만9,000원보다 무려 4배 이상 올랐다. 공모가 대비 수익률은 337.7%다. 3연상 종가(장 마칠 때)는 21만4,500원이었다. SK 바이오팜을 1주 가지고 3일만 보유하고 있다가 팔아도 165,500원이라는 수익이 났다는 말이다.

　주변에서 SK 바이오팜으로 꽤 짭짤한 수익을 낸 분들이 여럿이었지만, 이때까지만 해도 공모주엔 크게 관심이 없었다. 하지만 '공모주 열풍'이 뉴스 경제면을 연일 장식하는 데다가 열혈 투자자로 변모도 했으니 팔을 걷어붙였다. 지금은 괜찮다 싶은 공모주 투자처가 있으면 공모주 청약에 부지런히 참여하고 있다.

기업이 공개를 통해 증권시장에 상장할 때 일반인으로부터 청약을 받아 주식을 배정하는 것을 공모주(IPO)라고 한다.

공모주 투자는 청약 시 며칠간 청약할 큰돈이 필요하다. 최소 몇천에서 몇억 원 정도까지 들고 있어야 한다. 처음에는 이 큰 자금이 공모주로 한꺼번에 다 투자되는 줄 알고 놀란 적이 있다.

공모주는 주택 청약처럼 일종의 청약 증거금이 필요하다. 청약일 며칠간 청약 증거금으로 공모주 청약을 받는다. 이 청약 증거금은 다 투자되지 않고 공모 경쟁률에 따라 주식을 배정받으면 그 주식과 금액을 뺀 나머지를 공지한 환불일(보통 청약일로부터 1~3일 후)에 되돌려준다.

공모주에 투자하고 싶다면 그달 공모주 일정을 네이버 등에서 검색해 보거나, 장외거래시장인 www.38.co.kr에서 확인할 수 있다. 한 달 단위로 스케줄러에 공모주 일정을 기록해 놓으면 관리가 더 쉽다.

해당 공모주를 검색해 보면 공모주를 청약하는 주간사(보통 증권사)가 있는데, 청약하는 전날까지 해당 주간사에 증권계좌를 만들어 두어야 한다. 대부분 주간사(공모주 담당 증권사)에서는 청약 전날까지 증권계좌를 만든 사람만 청약할 수 있도록 제한한다.

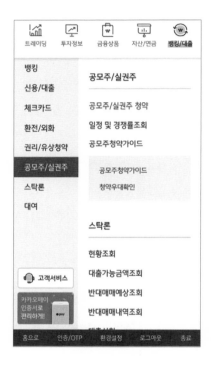

KB증권 공모주 청약 화면

청약 증거금은 한꺼번에 며칠간 큰돈이 들어가므로 보통 신용대출, 예·적금 담보 대출 혹은 보험증권 담보 대출 등을 활용한다. 공모주 청약 마지막 날 대출을 일으키거나 큰돈을 준비해 증권계좌에 넣고 공모주 청약을 진행한다.

공모주마다 청약 증거금에 따른 주식 수를 청약 전에 확인할 수 있다. 공모주 청약 증거금은 공모가격의 50%로 환산해서 인정해준다.

공모주/실권주 청약증거금표		✕
명신산업		
청약단위	청약주식수	청약증거금
500주	2,500	6,125,000원
	3,000	7,350,000원
	3,500	8,575,000원
	4,000	9,800,000원
1,000주	5,000	12,250,000원
	6,000	14,700,000원
	7,000	17,150,000원
	8,000	19,600,000원
	9,000	22,050,000원
	10,000	24,500,000원
	11,000	26,950,000원
	12,000	29,400,000원
	13,000	31,850,000원
	14,000	34,300,000원
	15,000	36,750,000원
	16,000	39,200,000원

청약신청	청약내역/취소
명신산업	
발행가	4,900
공모유형	유가증권시장IPO
증거금율	50.00%
청약경쟁률	0.000 : 1
청약기간	20/11/27 ~ 20/11/30
청약신청	

KB증권 공모주 청약 화면

위 표는 명신산업 공모주 청약 화면이다. 가격은 한 주당 4,900원이나 청약 증거금은 발행가의 50%인 한 주당 2,450원이 필요하다. 청약 증거금 표를 보면, 2,500주를 청약하는 데 청약 증거금으로 6,125,000원이 필요하다.

주간사에서는 개인 거래 실적에 따라 청약 증거금 비율을 제한한다. 거래 실적을 충족하지 못한 투자자는 청약 증거금을 50%만 넣을 수 있다. 본인이 50%에 해당하는지 100%에 해당하는지는 청약할 때 청약 화면에 나타난다.

청약했다고 공모주 투자가 끝난 것은 아니다. 공모주 청약 시 공지된 상장일에 해당 공모주를 매도해야 수익을 낼 수 있다. 보통 공모주는 해당 상장일에 팔고 나와야 유리하다. 단, 뉴스에서 떠들썩한 역대급 대어들은 예외다. 이런 공모주들은 며칠 더 기대해 봐도 좋다.

초보 투자자로서는 어떤 공모주가 괜찮은지 알 턱이 없다. '다트(dart)'라는 금융감독원 정보 시스템에 해당 공모주에 관한 자료가 있지만, 장황해 어떤 부분을 중점적으로 봐야 하는지 감을 잡기 어렵다.

초보 투자자가 공모주 투자 시 리스크를 줄일 전략은 기관 경쟁률, 의무보유 확약비율, 상장 당일 유통 가능 물량, 청약 마지막 날 오후 2시경 일반 경쟁률, 이 네 가지다. 공모 흥행 여부가 여기서 결정된다. 다트와 www.38.co.kr에서 이에 관한 집중 정보를 확인할 수 있다.

기관 경쟁률이 제일 중요하다. 최소 300:1이 넘어가는 공모주를 중점적으로 봐야 한다. 기관 경쟁률이란, 공모주 청약 전 미리 여러 기관이 공모주 청약에 참여하는 것이다.

해당 공모주에 참여하는 기관들이 많으면 많을수록 흥행에 성공할 가능성이 크다. 기관 경쟁률은 보통 일반 청약 하루 이틀 전 수요예측 결과로 나온다.

의무보유 확약비율은 특정 기간에 기관이 의무적으로 보유하겠다는 약속이다. 약속한 보유 기간에 공모주 가격을 할인해주는데, 의무보유 비율 기간이 길수록 괜찮은 공모주일 확률이 높다. 그만큼 괜찮은 공모주니까 기관이 오래 가지고 있겠다고 약속하는 것이다.

상장 당일 유통 가능 물량은 적을수록 공모가가 떨어지지 않을 가능성이 크다. 유통 가능 물량이 많다면 매도 물량도 그만큼 많다는 말이고 당장 이익을 실현하겠다는 투자자들이 넘친다는 의미다.

청약 마지막 날 오후 2시경 일반 경쟁률을 봐서 청약하려는 공모주가 경쟁력이 있는지 최종적으로 평가해야 한다. 경쟁률이 저조하다면, 공모주 청약을 다시 한번 생각해 봐야 한다.

물론 이 네 가지가 양호하다 하더라도 공모주 상장 당일 국내 주식시장이 좋지 않으면 공모주 가격에 영향을 미치기도 한다.

4가지 요소를 공모주 청약에서 최대 리스크를 피할 기준으로 삼고 청약에 참여하다 보면 공모주 투자가 흥미로워질 수 있다. ●